哲学史入門 I

古代ギリシアからルネサンスまで

千葉雅也 Chiba Masaya
納富信留 Notomi Noburu
山内志朗 Yamauchi Shiro
伊藤博明 Ito Hiroaki
斎藤哲也［編］ Saito Tetsuya

NHK出版新書
718

はじめに

本書は、本邦初の聞き書き形式による西洋哲学史の入門書です。

初学者向けから大学で使用するテキストまで、すでに哲学史を解説した本は数多く刊行されています。そこにあえて「哲学史入門」と銘打って、本書を世に出すことにしたのは、哲学史を学ぶことの面白さを臨場感をもってお伝えしたいと思ったからです。

初学者向けの哲学史本は、わかりやすく書かれているけれど、図式的に整理されすぎているきらいがあります。そのため、学術的な水準から見て、疑問符が付くような説明もしばしば見かけます。一方、プロの哲学（研究）者が執筆している通史的なテキストは、専門性は担保されていますが、初学者は人名や概念の多さに圧倒されてしまう。とくに複数の著者が共同執筆している哲学史の教科書は、本の性格上、記述がどうしても平板になりがちです。

従来の本とは違ったかたちで、哲学史の面白さを伝えるにはどうしたらいいか。そこで思いついたのが聞き書き、つまりインタビュー形式というアイデアです。

僕は専門家ではないけれど、人文系のライターとしてこれまでたくさんの哲学（研究）者にインタビューをし、対談をまとめてきました。おっ、このアプローチで哲学史に入門するのはどうだろう。僕が入門者となって、哲学研究の第一人者たちに質問を投げかけ解説してもらうのはどうか。ライターとしての腕をふるってそれを活字にまとめ、読みやすく構成する。研究者の語り口や息づかいが聞こえてくるような哲学史があったら面白いし、学問的な水準を落とすことなく、ワクワクするような入門書になるにちがいない。そんな着想から企画を立ち上げ、インタビューを積み重ねてできあがったのが、本書を皮切りとした『哲学史入門』です。

この『哲学史入門』は、シリーズ三冊で西洋哲学の歩みをたどっていきます。第一冊目の本書がカバーするのは古代ギリシア哲学からルネサンス思想まで。以降、二冊目ではデカルトからドイツ観念論までの近代哲学、三冊目では二〇世紀の哲学・思想を中心に取り上げます。

本シリーズの最大の特徴は、なんと言っても登場いただく指南役の顔ぶれでしょう。インタビュー形式ではありますが、ノリはさながら第一人者による哲学史入門連続講義。平板な哲学・思想解説ではなく、哲学のプロフェッショナルから哲学史・思想史のダイナミックな見方や捉え方を学ぶことができる。手前味噌な言い方になりますが、ほんとうに贅沢なシリーズになりました。

＊

一冊目となる本書の内容を簡単に紹介しましょう。

巻頭を飾る序章は、「哲学史をいかに学ぶか」と題した千葉雅也さんへのインタビューです。そもそも哲学史を学ぶとはどういうことなのか。哲学に関心を持った人が哲学史をどのように学んでいけばいいのか。『勉強の哲学』を書かれた千葉さんならではの実践的なアドバイスが満載です。実際の哲学史に足を踏み入れる前に、このパートで「哲学史の学び方」をざっくりとイメージしてみてください。

続く第1章からいよいよ本論の始まりです。本書では、納富信留さん、山内志朗さん、伊藤博明さんを指南役に迎え、古代ギリシア哲学、中世哲学、ルネサンス思想を学んでいきます。

インタビューでは、扱う人物やテーマ、論点をできるだけ絞り込んだうえで、各時代の哲学史の急所や難所となる話題を取り上げるようにしました。千葉さんもおっしゃっていますが、たった一つの哲学史なんてありえません。二五〇〇年以上にわたる哲学の営《いとな》みを歴史として語る以上、人物やトピックの選び方しだいで、無数の哲学史を語ることが可能です。ですから本書で取り上げる人物やトピックも、生徒役である僕と指南役のお三方の関心や問題意識に引っ張られていることはたしかです。というより、せっかくの聞き書き形式ですから、その利点を活かして、語り手の個性や関心をできるだけ引き出すようなインタビューを心がけました。

ちょっとだけ頭出しをしておきましょう。たとえば納富さんは、二〇年以上前からソクラテスの「無知の知」という邦訳は誤っていることを力説し続けています。山内さんは、ドゥンス・スコトゥスの「存在の一義性」という概念と研究者人生を賭《か》けて格闘し、伊藤さんは通常の哲学史には収まり切らないルネサンス思想の豊穣さを繰り返し語ります。こんなふうに熱量たっぷりの哲学史語りが本シリーズの大きな魅力と言えるでしょう。

各章の冒頭には、インタビューを読むうえで最低限知っておいたほうがいい基礎知識と、インタビューの読みどころを添えたイントロダクションを設けています。こちらで肩慣らしをして、インタビュー本編にお進みください。すでにある程度、哲学史に親しんでいる読者は、イントロダクションを飛ばしていきなりインタビューを読んでもかまいません。また章末には、指南役が推薦する三~四冊のブックガイドを掲載しています。ピンと来たものがあったら、本書の次に手にとってみてください。

前置きはこのくらいにして、そろそろ哲学史の門をくぐりましょう。願わくば、シリーズ三冊を完走していただければ幸いです。

哲学史入門Ⅰ　古代ギリシアからルネサンスまで　目次

はじめに……3

序章　哲学史をいかに学ぶか　千葉雅也……17
哲学者を時間軸上に並べてみる
哲学史の語り方と哲学は切り離せない
哲学史を知らないと、一人の哲学者を理解することもできない
概念の考古学
人類学的態度の必要性
キーワードを使いすぎてはいけない
日記のすすめ

第1章 「哲学の起源」を問う 納富信留……37
——古代ギリシア・ローマの哲学

イントロダクション
「哲学が始まる」とはどういうことか 斎藤哲也……39
初期ギリシア哲学
古典期ギリシア哲学
ヘレニズム哲学
古代後期哲学
インタビューの読みどころ

「哲学の起源」を問う 納富信留 インタビュー：斎藤哲也……52
起源は一つなのか

初期ギリシア哲学のポイント……56
ギリシア哲学史前半期の時代区分
なぜイオニア地方で哲学が始まったのか
パルメニデスという急所

パルメニデスの衝撃

ソフィストとは誰か……69
プラトンはソフィストを怖がった
「内なるソフィスト」との対決

「不知の自覚」からイデア論へ……75
「不知の自覚」と「無知の知」の違い
「不知の自覚」とイデア論は接続するのか
死と愛
図形を使ったイデアの説明はなぜつまらないのか

プラトンとアリストテレスの関係……88
弟子は師匠を批判したか
ソクラテス・プラトン哲学の体系化
四原因説と可能態／現実態
現実態は幸福論と結びついている

ヘレニズム哲学の共通点……99

ストア派とエピクロス派
ヘレニズム哲学の現代性
新プラトン主義は突き抜ける
第1章ブックガイド……108

第2章 哲学と神学はいかに結びついたか——中世哲学の世界 山内志朗……111

イントロダクション
哲学一〇〇〇年が照らす智慧 斎藤哲也……113
アウグスティヌスはなぜ偉大なのか
ボエティウスと『哲学の慰め』
アンセルムスの「神の存在論的証明」
イスラム世界・ビザンツからの影響
相容れない思想を調和させたトマス・アクィナス
アクィナスとスコトゥス
唯名論の真相はいかに
インタビューの読みどころ

哲学と神学はいかに結びついたか　山内志朗　インタビュー：斎藤哲也……126
中世の始まりはいつ？
いかに学問が発展したか
アウグスティヌスの人間観・世界観……131
アウグスティヌスの『告白』
ペラギウスの反論
カトリックと東方正教会の人間観
三位一体と人間の心
聖霊はなぜ重要な存在なのか
神への探求の出発点……144
最初のスコラ哲学者ボエティウス
「神の存在証明」とは
『神学大全』への誤解……152
アラビアからアリストテレスがやってきた
初学者にやさしい『神学大全』

「存在の一義性」への入り口……158
アヴィセンナからドゥンス・スコトゥスへ
「一義性」と「類比」
海と神
「このもの性」から「唯名論」まで……167
「存在の一義性」と「このもの性」
唯名論とは何だったのか
第2章ブックガイド……175
第3章　ルネサンス哲学の核心
――新しい人間観へ　伊藤博明……177
イントロダクション
ルネサンス哲学の四つのポイント　斎藤哲也……179
人文主義の興隆
プラトン復興

フィチーノの功績
ピーコの自由意志論
インタビューの読みどころ
ルネサンス哲学の核心　伊藤博明　インタビュー：斎藤哲也……190
ルネサンス期の哲学はなぜ軽視されてきたのか
スコラ哲学への対抗意識……192
人文主義とは何か
なぜペトラルカはスコラ学者に反発したのか
プラトン哲学とキリスト教の結合……198
プラトン主義の伝統
魂の探究
プラトン主義vs.アリストテレス主義
プレトン登場！
プラトン・アカデミーの誕生
フィチーノのプラトン神学
フィチーノの人間論

自由意志論からカバラーまで……216
「人間とは自由に選択する存在である」
新しい人間観の根拠
荒唐無稽な夢想
自然魔術とカバラー

ルネサンス哲学の広がり……223
アリストテレス主義の改革
クザーヌスからブルーノへ
イタリア以外の国々へ

第3章ブックガイド……230

関連年表——紀元前600－1600年代……233

おわりに……241

序　章

哲学史をいかに学ぶか

千葉雅也

千葉雅也

ちば・まさや

1978年、栃木県生まれ。
立命館大学大学院先端総合学術研究科教授。
パリ第10大学大学院および高等師範学校を経て、
東京大学大学院総合文化研究科超域文化科学専攻
表象文化論コース博士課程修了。博士(学術)。
哲学研究と芸術制作を連関させて行っている。

主要著書

『動きすぎてはいけない――ジル・ドゥルーズと生成変化の哲学』
(河出書房新社、2013→河出文庫、2017、第4回紀伊國屋じんぶん大賞、第5回表象文化論学会賞)

『別の仕方で――ツイッター哲学』
(河出書房新社、2014→『ツイッター哲学――別のしかたで』河出文庫、2020)

『勉強の哲学――来たるべきバカのために』
(文藝春秋、2017→増補版、文春文庫、2020)

『意味がない無意味』(河出書房新社、2018)

『アメリカ紀行』(文藝春秋、2019→文春文庫、2022)

『デッドライン』
(新潮社、2019、第41回野間文芸新人賞、第162回芥川龍之介賞候補)

『オーバーヒート』
(新潮社、2021、表題作が第165回芥川龍之介賞候補、収載の短編「マジックミラー」が第45回川端康成文学賞)

『現代思想入門』(講談社現代新書、2022、新書大賞2023)

『エレクトリック』(新潮社、2022、第169回芥川龍之介賞候補)

哲学者を時間軸上に並べてみる

――まずは、とても基本的な質問から始めたいと思います。哲学になじみのない人が、哲学史を学ぼうとする場合、具体的に何から始めればいいでしょうか。古代から現代に向かって順番に学ぶ必要があるのか、あるいは虫食い的に好きな時代から学べばよいのか。別にスタンダードがあるわけではないと思いますが、千葉さんなりのアドバイスをいただければと思います。

千葉　どんな方がこの本を読むかわからないという想定で話し始めると、哲学者の名前を一人でも多く覚えるだけでも、まず第一歩だと思うんですよ。高校で「倫理」を履修した人はわかると思いますが、高校の倫理は、事実上哲学史になっています。少なくとも僕の高校時代はそうで、初歩的な「簡単哲学史」みたいな感じでした。だから最初は、倫理の教科書や参考書を手に取って読んでみるくらいでもいいと思います。

ただ、教科書だとどうしても太字のキーワードに引きずられがちじゃないですか。プラトンは「イデア」、ニーチェは「力への意志」みたいに。そういう早押しクイズ的なことよりも、古代から現代にかけて、どういう哲学者がいるのかがわかる程度でいい。「デカルトとカントってどっちが先だっけ？」くらいの精度でいいから、だいたいの顔ぶれを古代から現代まで並べてみる。まずはそこからだと思いますね。

初心者だったら、倫理の教科書よりも、哲学の図鑑のようなガイドブックのほうがいいかもしれません。最初から最後まで通読しようと思わなくていいから、パラパラとページをめくりながら、哲学者の名前やその時間軸上の配置を見るだけでもいいんです。その次の段階で、どういう主義主張がどういう順番で出てきたのかということをざっくり把握するということでしょうね。

――哲学史の入門書って、図解を駆使したような図鑑的なものから、大学の先生が共著で書いているような本格的なものまで、いろんな種類の本があると思うんですが、どういう基準で本を選べばいいでしょうか。

千葉　自分が読めるものを読める範囲で読むことだと思いますよ。ただ、研究者が複数人で書いているテキストは、各項目の独立性が高かったりするから、やっぱり暗記ものに近くなるんですね。一人が書くと偏《かたよ》りは出ますが、それでもある程度のストーリーがあるほうが読みやすいと思います。僕が印象に残っている本で言うと、岩波新書から出ている熊野純彦《すみひこ》先生の『西洋哲学史』です。古代から現代まで、二冊で一通りの哲学者が登場するし、読み物という点でもお薦めです。

でも、プロにならないにせよ、哲学史に対する苦手意識を払拭《ふっしょく》したいんだったら、簡単に済ませようとせず、三冊ぐらい読んだほうがいい。読みくらべるまでいかなくても、とにかく三冊、四冊を手にとって読んでみる。難しいところは飛ばしてもいいし、忘れちゃってもいいんですよ。とにかくそれだけいろいろ見ると、重なりから重要なことは強調点がわかるので定着するでしょうね。『勉強の哲学』でも書いていることですが、とにかく入門書を複数読むことは、どんな分野に入門するにしてもあてはまることです。

哲学史の語り方と哲学は切り離せない

——哲学史の書き方にしても、書き手によってだいぶ違いますからね。

千葉　いまから二〇年以上前のことですが、哲学科に進学した友人は、進学してすぐに哲学史の通史を三冊読み、それらを比較させるレポート課題が出たと言ってました。つまり、哲学科に進学する学生は最初から、哲学史には複数の解釈が存在するという前提のもとで学び始めるわけです。哲学史は一つの視点で語られるものではなく、強調点や解釈が人それぞれ異なる。それらの違いを理解し、自分自身で考えることから勉強が始まっているわけです。

実際、哲学史の記述の仕方も、時代とともに変わってきています。たとえばアリストテレスは、最初にそれまでの学説をまとめた後に、それらを総合して自分の見解を出すという論述の仕方をするじゃないですか。彼のスタイルは、先行研究を整理した後に本論に入るという、今日の論文の書き方のフォーマットになっています。これも広い意味では、一つの哲学史的なスタイルですよね。

あるいは三世紀の哲学史家ディオゲネス・ラエルティオスによる『ギリシア哲学者列伝』のように伝記を並べる列伝のような形式もあったし、ヘーゲルは弁証法的な展開を取り入れた哲学史を語りました。一見、哲学史を否定しているような、分析哲学の論理実証主義に属する人たちだって、過去の哲学史を意識的に切り捨てているという意味では一つの哲学史を語ってしまっているんですね。つまり「過去の哲学史は曖昧な言葉遣いによって混乱を招いた」という歴史観を持つことは、哲学史を放棄しているわけではなく、むしろそれじたいが独自の哲学史なんですよ。だから哲学史の編み方じたいが、すでに哲学のあり方と深く関わっているんです。

——なるほど。哲学の歴史をどう見るかということと、哲学の実践は切り離せないわけですね。

千葉　そう。ヘーゲルのように哲学史を進歩と捉えたがる人もいるかもしれないし、ホワイトヘッドが「ヨーロッパ哲学の伝統はプラトン哲学の脚注だ」と言ったように、プラトンからずっと反復しているという捉え方もあるでしょう。そもそもアメリカの歴史学者ヘイドン・ホワイトが『メタヒストリー』で議論しているように、歴史の語り方にはさまざまなモデルがあり、どれかが絶対ということはありません。そういう視点は、哲学史を見るうえでも持っておいたほうがいいでしょうね。

哲学史を知らないと、一人の哲学者を理解することもできない

——千葉さん自身は、哲学史をどういうふうに学んできたんですか。

千葉　僕は哲学科ではないので、哲学史全体をカバーするような授業は受けていません。古代哲学に関する授業は少し受けましたが、哲学史的な教養に関してはほぼ独学ですね。

ただ哲学や批評理論を専門にやっていく場合、歴史上、絶対に読まなければならない本ってあるんですよ。カントの「三批判書」とかね。僕は友人たちと読書会を開いて、そういった本を読んでいきました。フーコーの『言葉と物』やデリダの『グラマトロジーについて』など現代思想の本にも手を付けていましたね。当時はろくに読めませんでし

たけど。
そうやっていろんな本を読んでいくと、読まなければいけない本が次々に出てくるんです。マルクスの話題が出たら、『資本論』を全部とは言わずともかじらなきゃいけない。とにかく話題にのぼるような有名な本は一通り手をつけなければいけない。そういう空気のなかで勉強してきました。

――『勉強の哲学』では、ハイデガーを例にとって、個々の哲学者もまずは入門書を複数読めとアドバイスしていましたね。

千葉 そうそう。哲学史を勉強して、カントでもニーチェでも、気になる哲学者やもっと知りたい哲学者がいたら、その入門書から入ればいいと思います。そのときに、入門書と一緒に原著も一冊買い、パラパラ見てから、入門書を読むような感じですかね。たとえばカントだったら、黒崎政男さんの『カント「純粋理性批判」入門』（講談社選書メチエ）のような入門書と一緒に、『純粋理性批判』も買ってくる。それで目次だけでも眺めると、なんとなく順番が目に入ってくるじゃないですか。そのぐらいで入門書を複数読んで、その後にまた原著に挑戦してみる。

――根本的な質問なんですが、どうして過去の哲学者も含めて、哲学史を学ぶことが大事なんでしょうか。

千葉　結局、一人の哲学者を学ぶといっても、哲学者の間の影響関係を知らないと、十分に理解することができないからです。たとえば、二〇世紀のドゥルーズという哲学者について知ろうと思ったら、ドゥルーズが依拠しているベルクソンについてある程度知らないとわからないんですよ。さらにベルクソンを理解するためには、今度はベルクソンが誰を相手取っていたかを知らなきゃいけない。そうすると、カントをはじめ、いろいろな哲学者が関わってくるわけです。

哲学者はそれぞれ独立でゼロから仕事をしているわけじゃなくて、歴史的な積み重ねの上に成り立っている。だから哲学の先生として言えば、一人の哲学者について学ぼうと思ったら、哲学史を勉強しないと、正直なところお話にならないんですね。

概念の考古学

――急にハードルが上がった気が（笑）。

千葉　先生の立場としては、それが正直なところなんですよ。

もちろん一人の哲学者について、単独でもある程度の理解を得ることはできますが、少なくとも哲学の知識を専門的に使うような場面になったら、哲学史の積み重ねを知っていることは言わずもがなの前提なんですね。だから、何の役に立つかとか考えず、四の五の言わずにやれ、としか言いようがない面もあります（笑）。

ついでに言っておくと、こういう話を聞いて、理系と違うという印象を持つ人っているると思うんですね。たとえば、最新の量子力学を学ぶ場合、ニュートンの古典力学を理解することは必要ですが、ニュートンのいろいろな思想やその背景まで掘り起こす必要があるとは思わないわけですよ。

ただ、理系分野でも、最先端の理論を切り開こうとしたら、既存の理論が歴史のなかでどのように生まれたか、その経緯を理解することが重要なのだろうと思います。当座のことだけを考えていては、最先端の展開を構想することはできないでしょう。未解決のままお蔵入りした問題、中途半端な状態のまま置き去りにされた問題などが過去にはあって、それらを掘り出すことによって、理論はさらに進化していくんですよ。

――プロの研究者って、そういうところに敏感なんですね。

千葉　だと思いますね。いまだって、何か世の中を騒がす事件が起きても、だいたい一週間ぐらいでみんな忘れちゃったりするでしょ。そういうことが学問の世界にはいっぱ

です。一九世紀のフランス哲学なんて、日本人の感覚からするとけっこう遠く感じられます。そういうものを読んで「こういう世界があるんだ」というショックを感じてほしい。それこそロンドンにいた夏目漱石が受けたようなショックが体験できるぐらい、哲学史的読書というのはワクワクするし、スリルあふれることだと思いますよ。

――しかも二五〇〇年分ありますからね。

千葉 二五〇〇年分あるんだから、かなりヘトヘトになるぐらい楽しいんじゃないですかね（笑）。

――副産物かもしれませんが、人間的な懐《ふところ》も深くなりそうです。

千葉 そうそう。たとえば六〇歳とか七〇歳のおじさんと話して、ほんと頭が固くて老害だとか言ってるけど、哲学史では三〇〇歳の頑固おやじとしゃべるんですよ。老害どころじゃない（笑）、チョー老害みたいな人と対話するときに、いかに怒らないでちゃんと話を聞くかみたいな世界になってくる。そういう意味でも人間性が鍛えられますよ。「老害の話なんて聞いてられるか」みたいな軽薄な態度では、古いテキストにはとても臨めませんよね。

キーワードを使いすぎてはいけない

——書店に行くと、哲学入門的な本は哲学史以外にもたくさんあるじゃないですか。哲学対話とか、ビジネスパーソン向けの哲学シンキングとか。千葉さんの『勉強の哲学』も、哲学へアクセスする入り口になっていると思います。こういったさまざまな哲学入門書のなかで、哲学史はどういうふうに位置づければいいでしょうか。

千葉　哲学にまず興味を持ったという前提で話すと、人によって向き不向きがあるけど、あまり哲学史的なことにこだわらなくてもいいと思うんですよ。具体的な書名はあまり思いつきませんが、手触りのある生活からものを考え、そこから歴史上の哲学者にうまく橋渡ししてくれるような手ほどきがあるといいんですよね。

逆によくないのは、先ほどの話のように、倫理の教科書の太字を覚えて、それを安易に現実にあてはめるような思考です。これはすごく多いんですよ。たとえば生活のなかで起こった出来事について、「それは弁証法的だ」とか「それは脱構築だ」とか、そういうことを言ってる自分ってカッコいいみたいに思っちゃうわけです。たいていそういう場合って、概念をあてはめてさえいなくて、言葉を貼り付けているだけですから。

——アイデアの折衷《せっちゅう》や足し算を「弁証法」と呼んでいる例をよく見かけます。

千葉　そうじゃなくて、弁証法や脱構築というワードを使わずに、弁証法的に、脱構築的に考えることが大事なんですよね。古代のプラトンでも、イデアの教科書的な意味が大事なんじゃなくて、「対話篇」で展開されている思考を体感して、自分が揺さぶられることが勉強の醍醐《だいご》味《み》です。それをサボってワードを使うだけだと、いま斎藤さんが言ったように、ねじ曲がった使い方になりがちなんですよ。

よくビジネス用語でも、ＰＤＣＡとかＭＥＣＥとか、方法論をキーワードにするじゃないですか。それらはある種の考え方を一言で伝達しやすくするための略語なのに、その略語を使って会話をすると、さも考え方を実践している気になっちゃうんですよね。多くの人は、そういう略語的キーワードを覚え、話にあてはめるみたいな方向に行きますが、それって要するにちゃんと考えていないんですよね。こういうのを勉強とは言わないんですよ。だから哲学に限らずキーワード的なものが出てきたら、できるだけそのキーワードを使わずに、その精神を体に沁《し》み込ませるように学びなさいって言いたいですね。

だいたいビジネスの現場なんかでも、そういう言葉を使っている人を見て、「できるね」なんて思うのは浅薄なのであって、ほんとうにわかっている人たちはむしろそういう言葉を避けますから。

――哲学用語も、ビジネスの場で安易に使われがちです。デカルトの「物心二元論」が近代の諸悪の根源のように言われ、それを乗り越えるために日本的な主客未分の哲学が大事だとか。

千葉　自分で考えないテンプレの受け売りですよね。哲学の勉強が、哲学教養マウンティングみたいなものになってしまうのはほんとうによくない。概念やキーワードは、考え方とセットで使わないと意味がありませんから。

日記のすすめ

――そういう哲学マウンティングにならないためには、どうすればいいでしょうか。

千葉　哲学を勉強して哲学的にものを考えられるようになるには、自分の日常で起きたことやそこで感じたこと、考えたことと哲学をつなげることです。多くの人は、哲学的な問題と日常の経験は切り離されているように思いがちですが、そんなことはありません。むしろ日常の経験のなかに、深い哲学的問題が潜んでいるんです。

たとえば喫茶店で、昔よく会っていたんだけど最近あまり会っていない友達と久しぶりに会ったとしましょう。最初はなんとなくギクシャクして、微妙な距離感で話し始めるわけです。相手が自分に言ったことに対して、どういうふうに返そうかとか、単にうなずくだけにしておくかとか、いろんな思いや考えが複雑に絡まりながら、その友達とやりとりする。ここには「他者」という深い問題が隠れているし、この経験を掘り下げていくとレヴィナスの他者論に突きあたるじゃないですか。

こうした日常的な経験とつなげず、「レヴィナスの他者とは何か」みたいに、大上段に振りかぶってしまうと、哲学は生活から遊離したものになってしまいます。哲学的な概念や考え方を学んだら、生活のなかにある具体的な場面に結びつけてみることが大事なんですよ。それは全然難しいことではなくて、日常のことを細やかに振り返れば、哲学的な問題はあちこちに転がっています。

――逆に言うと、日常的な経験への感度が弱いと、哲学を勉強しても宙に浮いた言葉遊びになってしまうということでしょうか。

千葉 そう思いますね。若い人って、人生論的なものを嫌がりますよね。だから自分の経験や気持ちを表現する言葉を持っていないし、そもそもそういうことを恥ずかしいと思ってしまう。それよりも白黒はっきりするような、殺伐《さつばつ》とした言葉遣いをすることが、何かカッコいいことだと思っている。

それは大きな勘違いです。自分の人生を十分な文字数で表現する人生論的な語りができないと、さりげない日常を深く生きることはできないし、哲学と生活を結びつけることはできません。

じゃあどうすればいいか。一つの方法としては、日記を書くことがいい練習になると思います。どんなに拙《つたな》くてもいいから、日々の経験を描きながら、自分の感じたことや思ったことを言葉にしてみる。その積み重ねから、借り物でない自分の人生論が立ち上がってくる。日常の言語化を練習するということです。それによって、哲学と生活を結びつける応用的な語りができるようになってくると思います。

第 1 章

「哲学の起源」を問う

——古代ギリシア・ローマの哲学

納富信留

納富信留

のうとみ・のぶる

1965年、東京都生まれ。東京大学教授。

東京大学文学部卒業、同大学院人文科学研究科修士課程修了。

ケンブリッジ大学大学院で博士号を取得。

慶應義塾大学教授などを経て現職。専門は西洋古代哲学。

2007～2010年、国際プラトン学会会長。

主要著書

『哲学者の誕生——ソクラテスをめぐる人々』(ちくま新書、2005→『哲学の誕生——ソクラテスとは何者か』ちくま学芸文庫、2017)

『プラトン　理想国の現在』(慶應義塾大学出版会、2012→新版ちくま学芸文庫、2023)

『ソフィストとは誰か?』(人文書院、2006→ちくま学芸文庫、2015)

『プラトンとの哲学——対話篇をよむ』(岩波新書、2015)

『プラトン哲学への旅——エロースとは何者か』(NHK出版新書、2019)

『対話の技法』(笠間書院、2020)

『ギリシア哲学史』(筑摩書房、2021)

『西洋哲学の根源』(放送大学教育振興会、2022)

『世界哲学のすすめ』(ちくま新書、2024)

英語著作

The Unity of Plato's Sophist*: Between the Sophist and the Philosopher*, Cambridge University Press, 1999.

共編著など

『世界哲学史』1～8、別巻(ちくま新書、2020)

翻訳書

プラトン『ソクラテスの弁明』(光文社古典新訳文庫、2012)

プラトン『パイドン——魂について』(光文社古典新訳文庫、2019)

イントロダクション

「哲学が始まる」とはどういうことか

斎藤哲也

本章で扱うギリシア哲学は、前六世紀から六世紀まで、一一〇〇年以上もの歴史がある。ギリシア哲学といえば、ソクラテス、プラトン、アリストテレスの名前がすぐに挙がるが、一一〇〇年もの間には、当然この三人以外にも数多くの哲学者が登場する。各時代の主だった哲学者の名前は、インタビュー本編で時代区分とともに図表にしているので、そちらを参照してほしい。

納富さんの時代区分では、ギリシア哲学史は、①**初期ギリシア哲学**、②**古典期ギリシア哲学**、③**ヘレニズム哲学**、④**古代後期哲学**と、四期に分けられる。以下、この区分に従って、ギリシア哲学の大まかな流れを駆け足で紹介しておこう。

初期ギリシア哲学

西洋哲学は、紀元前六世紀、古代ギリシアのイオニア地方（現在のトルコ西部）で始まったとされる。

トップバッターとして登場するのが「万物は水からできている」と考えた**タレス**（前六二五頃—前五四八頃）だ。このタレスを創始者として、「万物の始源は『無限』」と考えた**アナクシマンドロス**（前六一〇頃—前五四六頃）、「万物の始源は空気」と考えた**アナクシメネス**（前五八七頃—前五二七頃）など、イオニア地方の哲学者たちは、生成変化する世界の成り立ちに目を向け、万物の「始源（アルケー）」が何であるのかをロゴス（言論）にもとづいて説明した。

彼ら前六世紀の自然哲学者たちは、イオニア地方の中心的なポリスであるミレトスで活躍したので「**ミレトス**（**学**）**派**」と呼ばれている。

ミレトスより少し北にあるエフェソスでは、「万物は流転する」で有名な**ヘラクレイトス**（前五四〇頃—前四八〇頃）が独特の思索を展開した。「**万物は流転する**」は後世の作と言われ、ヘラクレイトス自身の言葉では「同じ川には二度入ることはできない」が断片として残っている。

万物流転ばかりが知られているが、「永遠に生きる火」が万物の始源であると語っているということが示すように、ヘラクレイトスは万物の生成に共通のロゴスがあることも強調した。

前五世紀に入ると、初期ギリシア哲学の舞台はイタリアに移り、哲学はより思弁的になっていく。**ピュタゴラス**（前五七二頃―前四九四頃）は、宇宙の調和の根拠を「数」に求め、南イタリアのクロトンで、弟子たちとともに宗教的な共同体を形成した。

初期ギリシア哲学の最大の難所は、エレア出身の哲学者**パルメニデス**（前五二〇頃―前四五〇頃）だ。

パルメニデスは、イオニアの自然哲学から影響を受けながらも、生成変化や運動を否定する「ある」の哲学を叙事詩の形で表現した。詩のなかでは、「あるは、ある。ないは、ない」が真理の道として示されている。「ある」が「ない」から生まれたり、「ない」に消滅したりすることはない。そして「ない」ものは語ることも思うこともできない以上、「ある」だけが真理だと言う。

私たちは、世界は刻一刻と変化しているように感じるし、事物の生成や消滅を語る。しかしパルメニデスにとって、それは感覚から生じるまやかしの世界であり、**永遠不**

滅で、変化することのない「ある」こそが真の存在なのだ。

インタビュー本編では「パルメニデスの衝撃」について納富さんにたっぷり語っていただいたので、楽しみにしてほしい。

さて、パルメニデス以後、自然哲学者たちから「永遠不変」と「生成変化」を両立させる説明が提出されていく。

エンペドクレス（前四九〇頃—前四三〇頃）は、火・土・水・空気という四つの元素が、愛の力（結びつける力）と憎しみの力（引き離す力）によって集合離散を繰り返すことで、生成や変化が起こると考えた。

さらに**デモクリトス**（前四六〇頃—前三七〇頃）をはじめとする原子論者たちは、多種多様な「原子（アトム）」が空虚（何もない空間）のなかを運動し、さまざまに結びつくことによって万物は形成されると説明した。

古典期ギリシア哲学

前五世紀半ば以降、ギリシア哲学の主要な舞台はアテナイに移っていく。

民主政下のアテナイで政治的な有力者になるには、民会や法廷で人々を説得する弁論の力が必要とされた。その需要に応えたのが、**ソフィスト**と呼ばれる職業的知識人だ。

彼らは報酬の見返りとして「**徳**(**アレテー**)」**の教育**を提供した。アレテーとは、事物それぞれの固有の「よさ」のことであり、多くの人を説得できる弁論術に長《た》けていることは、人間の重要なアレテーと考えられた。

「人間は万物の尺度である」という言葉で知られる**プロタゴラス**(前四九〇頃—前四一五頃)や、弁論術で名を馳《は》せた**ゴルギアス**(前四八五頃—前三八〇頃)など、当時活躍したソフィストは大勢いる。

初期ギリシア哲学の哲学者とくらべてみたとき、ソフィストに共通して見られる特徴として、物事の捉え方や真偽は個々の人間がどう思うか次第だという、相対主義的な思考がある。彼らは、パルメニデスのように永遠不変の真理があるとは考えない。ポリスが違えば、あるいは時代や地域が違えば、正義や法、慣習は異なる。それゆえ彼らの関心は、自然や宇宙ではなく社会や人間に向けられた。

教科書では、ソフィストと対決するかたちで**ソクラテス**(前四六九頃—前三九九)が登場する。しかしソクラテスを描いた**プラトン**(前四二七—前三四七)にとって、ソフィストがどのような存在だったのかは、わかるようでわからない。インタビュー本編では、この点も掘り下げて尋ねている。

ソクラテスは、対話の相手に対して、知ったかぶりをせず、知らないことを率直に認める「**不知の自覚**」（なぜ「無知の知」ではなく「不知の自覚」なのかはインタビューで詳しく解説されている）を促した。一方、ソクラテスの弟子であるプラトンは、絶対的な真理のあり方を**イデア論**として提示した。

美のイデアとは美それじたいのことであり、正義のイデアとは正しさそれじたいのことだ。プラトンによれば、イデアは、私たちの感覚に現れる現象の世界を超越した永遠不変の存在である。そして私たちがこの現象の世界で感じている美しさや正しさは、美のイデアや正しさのイデアの模造にすぎないという。

このイデア論に関連して、インタビューの本編で話題にされる「**洞窟の比喩**」を簡単に解説しておこう。

『ポリテイア』（邦訳『国家』）のなかでプラトンは、イデアに無関心な人々を、洞窟で手足を縛られて、目の前の壁に映された影像を見せられている人間にたとえている。あるとき、無理やり頭の向きを変えられた一人が、影を映していた灯火やついたての上で動かされる人形を目にする。その後で洞窟の外に出ると、太陽が輝き、太陽のもとでさまざまな事物が存在することを知る。この外の事物がイデア、太陽が善のイデアの比喩にあたる。

さて、素朴に考えると、イデア論は不知の自覚を飛び越えてしまっているように思える。不知の自覚とイデア論は、どのように接続するのか。あるいは両者には断絶があるのか。インタビュー本編で納富さんの持論を味読してもらいたい。

アリストテレス（前三八四―前三二二）は、師であるプラトンのイデア論を批判して、本質は事物に内在していると考えた――と高校倫理の教科書では説明される。この本質を「**形相**（**エイドス**）」というが、イデアとエイドスはどちらも「見る（エイドー）」の名詞形で、「形」を意味する言葉だ。

事物の本質を、プラトンは超越的なイデアに求め、アリストテレスは事物に内在する形相に求めた。プラトンの理想主義とアリストテレスの現実主義。このように対比されると、両者の哲学は相容《あいい》れないようにも思えるが、インタビューではむしろ二人の連続性に着目して解説してもらった。

「万学の祖」と称されるアリストテレスの研究対象は、論理学、自然学、形而上学、倫理学、政治学と多岐にわたる。本章では『自然学』で扱われている「**四原因説**」と「**現実態**（**エネルゲイア**）／**可能態**（**デュナミス**）」という概念の関係に着目している。

アリストテレスによれば、生物も人工物も「**形相**」「**質料**」「**始動**」「**目的**」という四つの原因から説明される。たとえば蝶であれば、身体を形作る物質的な原因が質料であり、蝶という種固有の本質を形作る原因が形相だ。また、一匹の蝶にとって、その親が始動、すなわち変化の起点となる原因であり、蝶という種を実現するという目的を持って生きている。

他方で、アリストテレスは、「現実態／可能態」という対《つい》概念からも事物のあり方を説明している。たとえば蝶の卵やさなぎには、蝶の形相が可能態という状態で潜在的に内在していて、それがやがて成育し、蝶という現実態になる——という具合に。

インタビューで、四原因説と「現実態／可能態」との関係を解説してもらったとき、「そういうことだったのか！」と目からウロコが落ちた。さらに現実態には別の（狭義の）意味があり、それは幸福論へと結びつく。アリストテレスが生み出した「現実態」という概念は、私たちの生き方を振り返らせる力がある。

ヘレニズム哲学

アリストテレスが没した前三二二年は、すでにアレクサンドロス大王が東方遠征を行い、巨大な世界帝国を築き上げた時代にあたる。この時代には大量のギリシア人が東方に移動したため、ギリシア文化とオリエント文化の混交が進み、それまでのポリスの哲学という枠組みに収まらないヘレニズムの哲学が形成されていった。

ヘレニズム期は、グローバル化した世界帝国の時代だ。そこでは現代と同じように、個人主義が進行し、哲学・思想ももっぱら個人の内面的な幸福のあり方を考察することに力点を置くようになった。

ヘレニズム哲学では、**エピクロス派**、**ストア派**、**懐疑主義**という三つの思潮を取り上げるのが定番だ。

エピクロス（前三四一―前二七〇）は「快楽主義」を提唱したが、ここで言う快楽とは、食道楽や性的な享楽に身を委《ゆだ》ねることではなく、心と肉体の両方に苦しみがない「アタラクシア（心の平静）」を意味する。アタラクシアを得るためには、利害得失や野心がうずまく政治や公共的な付き合いは避けなければならない。そのことを示すのが、エピクロス派のモットー「**隠れて生きよ**」だ。

キティオン（キプロス島）出身の**ゼノン**（前三三四頃―前二六二頃）を祖とするストア派にとって、人生の目的は「**自然に従って生きる**」ことだった。自然に従って生きるとは、宇宙を貫く摂理に従って生きることであり、欲望や快楽など、心をかき乱すような外部のノイズに情念（パトス）が動かされることなく、心の平安を求めることを言う。ストア派はこのような、心が平安にある状態を「アパテイア」と呼んだ。この言葉は、パトスからの自由を意味している。

ヘレニズム期には、**ピュロン**（前三六〇頃―前二七〇頃）の唱えた懐疑主義も人気を博した。懐疑主義はあらゆる物事や感覚を疑い、事物ありのままの姿を認識することはできないと考える。したがって一切の先入観を持たず、物事に対して判断を保留することによって心の平静（アタラクシア）は得られると説いた。

古代後期哲学

世界史ではアレクサンドロス大王の東方遠征（前三三四年）からプトレマイオス朝エジプトの滅亡（前三〇年）までの約三〇〇年間をヘレニズム時代と呼ぶ。ヘレニズム諸王国は前一世紀に入るとローマに吸収され、哲学もキリスト教の影響で、宗教性が強まっていく。

ここではのちの影響を考えて、**新プラトン主義**に触れておこう。三世紀の哲学者**プロティノス**(二〇五頃―二七〇)は、プラトンを独自に解釈して、のちに新プラトン主義と呼ばれる思想の礎《いしずえ》を築いた。

プロティノスは、プラトンの「善のイデア」を「**一者**(**ト・ヘン**)」と呼んだ。彼によれば、この「一者」から知性が生まれ、その知性から魂が、そして魂から物体的な世界が湧き出るように流出して、存在の階層を形成する。魂を持ちつつ、物体的な世界を生きている人間は、知性を純化して「一者」との合一を目指す。そこに真の幸福があるとプロティノスは考えた。

次章以降で見るように、新プラトン主義はアウグスティヌスをはじめとしたキリスト教の思想家やルネサンスの人文主義者たちに深い影響を刻み込んでいくことになる。

五二九年、東ローマ帝国の皇帝ユスティニアヌス一世は異教を禁圧し、プラトンが創立したアカデメイアも閉鎖された。異教の学者たちは追放され、ギリシア哲学の歴史は実質的に幕を閉じる。

インタビューの読みどころ

インタビューのなかでも、読みどころとなるトピックは紹介したので、そこから漏れてしまった話題を拾っておこう。

イントロダクションの冒頭、しれっと「西洋哲学は、紀元前六世紀、古代ギリシアのイオニア地方（現在のトルコ西部）で始まったとされる」と書いた。だが、ここで「ふむふむ」とうなずいているようでは、哲学的態度とは言えない。そもそも哲学が始まるとはどういうことなのか。なぜ古代ギリシアのイオニア地方で哲学で始まったとされるのか。

タレスについても同じような疑問が湧く。彼が「哲学の創始者」とされるのは、アリストテレスが『形而上学』のなかでそのように語っているからだが、このアリストテレスの言葉を真に受けていいのだろうか。

通常の西洋哲学史ではあまりこだわらない「哲学の始まり」について、インタビュー本編では、率直に問いをぶつけてみた。

「プラトンのイデア論をいかに教えるか」は、インタビュー中、納富さんのボルテージがもっとも上がった話題の一つだ。こういった本音トークは、インタビュー形式でなければまず聞けない。納富さんの評価に従えば、世に出回っているイデア論の説明の多くは、イデア論の肝をつかみ損ねていることになる。

イデア論を荒唐無稽《こうとうむけい》な妄説と思っている人にこそ、このくだりは読んでもらいたい。

「哲学の起源」を問う

納富信留
インタビュー：斎藤哲也

起源は一つなのか

――西洋哲学史では、「哲学は古代ギリシアから始まった」ということが通り相場となっています。最初に大きな問いを投げかけますが、そもそも「哲学の始まり」ということを、どのように考えればいいでしょうか。

納富 ギリシア哲学史を語る場合、どうしても起源や始まりが強調されます。しかし、始まりとは何なのか。当たり前のように「哲学の始まり」や「哲学の誕生」と教科書には書いてあるけれど、それがどういう意味なのかを考えるのは、殊《こと》の外難しい。それじたいが哲学的な問題です。

順に解きほぐしていきましょう。「古代ギリシアで哲学が始まった」という、ゆるぎない歴史観が西洋にあるのは事実です。誤解しないでほしいのですが、「古代ギリシアで哲学が始まった」という歴史的な事実があったということではなく、西洋の人々——非西洋でもかなりの程度共有されていますが——がそう認識しているという事実がある、ということです。

私の理解では、「古代ギリシアで哲学が始まった」という認識は、アイデンティティの問題に関わっています。つまり、始まりを言うことは、自分のいまを言うことなんです。これは哲学に限りません。「私はどこそこの生まれです」とか「この王家は神に遡《さかのぼ》ります」と言うことは、自分がいま、どうであるかを照らし出すことでもあるわけです。——「自分はみすぼらしい身なりをしているけど、実は貴族の家に生まれたんだ」と言う人は、たしかに自分の始まりを語ることで、暗に「だから自分は高貴な人物なんだ」ということを示してますね。

納富　だから「古代ギリシアで哲学が始まった」という認識は、**西洋哲学がどういう自己限定をしているか**ということとの合わせ鏡になっているんですね。

ではそれをどう考えるかというと、「歴史的事実ではない以上、それはイデオロギーだから壊そう」と言う人もいるかもしれません。しかし私は、そんな簡単な話ではないと思います。というのも、「始まりとしての古代ギリシア哲学」が、非常にうまく機能してきたからです。

たとえば、ルネサンスも古典主義の時代も二〇世紀もそうなんですが、ギリシアに立ち戻り、始まりを問い直すことで、もう一回新たに哲学を作り直してしまう。ハイデガーやデリダだって、ギリシア哲学を批判しながら哲学を作り直そうとしたわけです。

そういう意味では、始まりは固定されているのではなく、**戻ることによって始まりじたいもまた変化していく**んです。つまり、ギリシア哲学に立ち返って考察することじたいが、私たちの現在の哲学を変容させ、新たな哲学を形作っていく始まりになるわけです。

――でも、生まれの貴賤のように、始まりや起源を定めることは、時に暴力や差別を生む温床になりませんか。

納富　もちろん、起源を問うことの落とし穴には警戒すべきです。一つの起源を設定することで、ある意味で非常に強固なイデオロギーが生じるわけですよね。実際、いまでも西洋のギリシア崇拝は強固にあります。たとえば私が留学していたイギリスは、言ってみればヨーロッパの僻地《へきち》なんですが（笑）、先生たちは「われわれはギリシア文明の直系の子孫だ。君たちは離れているけどね」とはっきり言うんですよ。最近もある講演会でフランス人が「われわれフランス人こそ直系だ」と言ってました。ドイツもイタリアも同じです。ギリシアに遡る意識は、それくらい強烈なんですね。

そこを崩すには、起源を一つではなく、複数にすればいいんじゃないか。ギリシア哲学史のなかに複数の筋を立てることで、少なくとも別の風景が見えてくるんじゃないか、そう考えています。起源というと、ふつうは一つと思いたくなるけれど、問題群に応じて異なる始まりを採用すれば、多様なギリシア哲学史が描けますよね。そうやって多元的・多層的に哲学史を見たほうが、一つの筋しかない単線的な哲学史よりも、哲学史の可能性が広がるし、より豊かな見方ができるようになると思います。実際、放送大学で担当している「西洋哲学の根源」という科目では、一〇の筋を立てて、それぞれについて講義しているんですよ（上の表）。

放送大学講座「西洋哲学の根源」で示した「哲学史の筋」10本

①世界観の提示
②善く生きる知恵
③万物の原理
④スタイルの葛藤
⑤神と人間の緊張
⑥魂への配慮
⑦「ある」をめぐる形而上学
⑧言論と説得
⑨知の可能性
⑩真理探究の学問

初期ギリシア哲学のポイント

ギリシア哲学史前半期の時代区分

――「始まり」ということに関連して伺います。かつては、ギリシア哲学史を区分するときに、「ソクラテス以前の哲学」という括《くく》り方をしていましたが、近年は「初期ギリシアの哲学」という括り方が目立つようになってきました。これはどういう理由からですか。

納富　まず単純に、「ソクラテス以前」で括られている哲学者のなかには、ソクラテスより若い人も入っていたんですよ。たとえば原子論者のデモクリトスはソクラテスより若いけれど、従来はイオニア自然学の系譜から「ソクラテス以前の哲学」に入っていました。だからまず、時代的に見て「ソクラテス以前」はおかしいわけです。

もう一つの理由としては、ソクラテス以前という言い方は、ソクラテス以前・以後で哲学が根本的に変わったという前提と価値づけが入ってしまっているんです。乱暴に言うと、ソクラテス以前の人たちはある意味では未熟な哲学だという偏見があったわけです。たとえば、ディールス&クランツ編『ソクラテス以前哲学者断片集』では、ソフィストをソクラテス以前に含めてしまっていますが、それもそういった背景からです。

でも、そこで取り上げられているソフィストの多くは、ソクラテスとほぼ同世代か、少し若いんです。それなのになぜ、ソクラテス以前のほうに入っているかというと、ソクラテスより劣っているという理由で「前」だとされたからです。

――なるほど。それで「初期ギリシア哲学」に変えようと。

納富　ただ、二〇一六年に出版されて、世界的な標準となっているラクス&モスト編『初期ギリシア哲学』という全九巻の資料集では、ソフィストもソクラテスも「初期ギリシア」に入っているんですね。こちらは要するに「プラトン以前」ということなんです。これはこれで、プラトンが本格的な哲学を始めたんだという偏見が入っている。むろん、まとまった哲学著作が残っているのはプラトンが最初だという、資料的な事情もありますが。

――時代区分一つをとっても、難しい問題があるんですね。納富さんはギリシア哲学史をどのように区分しているんですか。

納富　大きく「ポリス社会の哲学」という前半期と、「広域王国・帝国の哲学」という後半期に分けて、前半はアリストテレスが死んだ紀元前三二二年までとしています。ちょうどこの時期は、ギリシアのポリス社会が終わって、ヘレニズム時代へと転換する変わり目に

前半期：ポリス社会の哲学

	初期ギリシア哲学	古典期ギリシア哲学
時期	前6世紀初め〜前5世紀後半（ただし、ピュタゴラス派や原子論者の活動は前4世紀前半まで）	前5世紀半ば〜前4世紀後半（前322年、アリストテレス死去まで）
場所	イオニア地方（小アジア半島の西海岸中部、エーゲ海東部）、イタリア（南イタリア、シチリア島東部）	アテナイに集う。前4世紀には学校開設（アカデメイア、リュケイオンなど）
社会	ポリスの多元的社会、先進文明との交流、貨幣経済の浸透	ペルシア戦争後、民主政ポリス社会。ペロポネソス戦争、マケドニアの伸長
代表	タレス、アナクシマンドロス、アナクシメネス、クセノファネス、ヘラクレイトス、ピュタゴラス、パルメニデス、エレアのゼノン、エンペドクレス、アナクサゴラス、原子論者（デモクリトス）、ピュタゴラス派（フィロラオス、アルキュタス）	ソフィスト（プロタゴラス、ゴルギアス）、ソクラテス、プラトン、ソクラテス派（アンティステネス、アリスティッポス）、アリストテレス、アカデメイア派（スペウシッポス、クセノクラテス）、シノペのディオゲネス
関心	自然（始源、宇宙、生成変化、存在）	倫理、政治、言語、認識、存在論

あたるからです。

後半期の詳細についてはのちほど説明することにして、いまは前半期だけ説明しておきましょう（前頁表）。前半期は、「**初期ギリシア哲学**」と「**古典期ギリシア哲学**」というふうに二分しています。これは、地理と政治社会をふまえた歴史区分です。

先ほど挙げたデモクリトスなどは、年代的には古典期に入りますが、活動地域や関心テーマの連続性から「初期ギリシア哲学」に組み込んでいます。一方で、ソフィストは「アテナイの古典哲学」期に入れることで、ソクラテスやプラトンを特別視するような偏見は取り除かれるんですね。

こうすると、初期ギリシア哲学は、イオニアとイタリアを舞台とした、自然を中心とした哲学で、次の古典期は、民主政が進んだアテナイで行われたポリス中心の哲学というふうに、ある程度スッキリするんです。

――納富さんの時代区分はしっくり来ますね。

納富　実際のところ、哲学研究者もあまり時代区分を気にしてないんですよ。たいていは、地理や政治社会状況を考えずに、思想的な影響関係だけで哲学者をつないでしまいます。そうやってしまうと、イオニアが中心なのか、アテナイが中心だったのかなんて関係ないんですよ。
でも、それは歴史としてはまずい。**歴史である以上、時間と空間をふまえ、誰と誰が同時代であるとか、活動地域がどのあたりであるとかいったことを精査する必要があります。**この二つの要素を欠いては、歴史とは言えないんですよね。哲学史も「歴史」ですから。

なぜイオニア地方で哲学が始まったのか

――ここからは初期ギリシア哲学について、いくつか質問します。最初の中心地であるイオニア地方で、自然事象を探究する自然哲学が興隆するわけですが、なぜイオニアという場所で哲学の営みが始まったんでしょうか。

納富　昔から、さまざまな説明がされてきています。当時の先進地域であるオリエントに近いから新たな知見を得るのに適していたとか、小ポリスの連合だから権力構造がないとかね。これらは理由の一端としては考慮すべきですが、そういう条件が揃《そろ》ったから哲学が生まれるかというと、それは違う気がするんです。
こういう発想は、しばらく前のマルクス主義的な世界観を引きずっているんですね。つまり、歴史は個人じゃなくて社会が動かすと。

――下部構造が上部構造を規定するという発想ですね。

納富　そうです。それらが必要条件として働いていることは認めますが、私は、もう少し個人の動きにフォーカスしないと、ギリシア哲学の真の姿は見えてこないんじゃないかと思ってます。

文明が活況を呈するときには、しばしば天才が出現するものです。その線でいくと、アリストテレスが『形而上学』のなかで最初の哲学者として挙げているタレスも、語り継がれる価値のある伝説的な人なんですね。

タレスは**ギリシアの七賢人**のなかで唯一、哲学者の系譜にも入っている人です。七賢人というのは、古い時代の「知者」の代表で、心身の健全なあり方や市民としての行動規範、社会生活や身近な人間関係へのアドバイスなど、人生の知恵を授けるような人たちです。

タレス（前625頃–前548頃）
胸像の模写、作者不詳

タレスはこの七賢人に入ると同時に、宇宙や自然全体を問いの対象にしたわけでしょう。

――万物の始源は「水だ」と語ったと、アリストテレスが書いてますね。

納富　その点で他の七賢人とは異なっているんです。つまり、古いパラダイムと新しいパラダイムの結節点に位置するような人物なんですね。しかも、日蝕を予測したり、政治や軍事でも活躍したりと、能力に満ち溢れた万能選手なんですよ。

そういう一人ひとりの持っている能力が歴史を動かしていった側面があることは、素直に認めていいいんじゃないでしょうか。

――哲学史の教科書や入門書などでは、よく「神話（ミュートス）から理論（ロゴス）へ」というフレーズで、ギリシア哲学の起こりが説明されます。つまり、神々を根拠とするのではなく、ロゴスにもとづいて真理を見いだそうとしたところが大きな転換点なんだと。

若い頃、こういう説明を読んだときはなるほどと思ったんですが、ギリシアの哲学者たちも神話はけっこう持ち出していることを考えると、ここまでスパッと言い切っていいのかどうか、疑問に感じるんですが。

納富　私も昔はそういう図式で授業で説明したことがあるので、反省を込めて言うんですが、やはり単純すぎるし安易であることは否めないですね。まったくの誤りとまでは言えませんが。

いまご指摘いただいたように、パルメニデスの詩では女神が語るわけですし、プラトンだって多くの神話を使っています。だから哲学が始まったからといって、神話や神を排除したわけではありません。それどころか、神と人間との関係は、ずっと中心的な問題であり続けました。それから「神話からロゴスへ」と、単線的な進歩図式になってしまっている点もまずいと思います。

ただ、この点を自覚したうえで言うと、この図式でうまく説明できることもたしかにあるんです。たとえばイオニアの自然哲学は、神話に頼らずに、理論（ロゴス）で万物の始源や根拠を説明しようとしたわけですから。あるいはプラトンも『ポリテイア』のなかで、ホメロスやヘシオドスが描くような伝統的な神話を批判しています。

――神々が憎しみ合ったり、敵対したりするという話は真実じゃないし、教育上よくないという文脈ですね。

納富　それが「神話からロゴスへ」という見方の一つの起源です。その意味ではこれはプラトンが敷いたレールとも言えるんですね。だから使いやすいわけです。

パルメニデスという急所

――いざ西洋哲学史を学ぼうと、教科書でギリシア哲学を読み始めるじゃないですか。タレスやアナクシマンドロス、アナクシメネスは素人なりに理解はできるんです。それぞれ万物の根源について探究したんだなって。でもパルメニデスで、頭のなかに「?」が渦巻きます。「あるは、ある」とか「ないは、ない」って何なんだと。パルメニデスはギリシア哲学史の急所じゃないかと思うんですが。

納富　急所ですよ(笑)。ほんとにそう思います。哲学史の本を読む際、パルメニデスのところを見れば、出来が良いか悪いかはほぼパッとわかりますからね。

――そこをどういうふうに乗り越えればいいでしょうか。

納富　難しいけれど、大事なポイントです。教える側も同じで、イオニア自然学は話しやすい。でも、パルメニデスのことを話すのはほんとうに難しいし、話しにくいんです。私の場合、授業で「あるー!　したがって、ないはない!!」とかドスを利かせます(笑)。つまり、理論的に説明してわかることではなく、なにか根源的に摑《つか》まなくちゃいけないようなものがパルメニデスにはあるんですね。それは言葉にできないから、声の調子で伝えたくなってしまうんです。

パルメニデスの衝撃

――ここでぜひミニ講義をご披露ください。

納富　パルメニデスにはいろんな難所があるんですが、まず叙事詩で書いていることをどう捉えるかという問題があります。パルメニデスが書いた叙事詩は、六脚韻といってホメロスやヘシオドスと同じ形式なんですね。

六脚韻とは「長・短・短（あるいは、長・長）」の音を一脚とし、六回繰り返して一行になります。これはもっとも格式高いスタイルであり、神の言葉を人間に伝達するものなんです。デルフォイ神殿の神託もこの韻律で与えられます。

パルメニデスの叙事詩では、冒頭の「序歌」で、馬車に乗せられて神々の世界へ連れて行かれる若者の神秘体験が語られるんですね。若者が神々の世界に足を踏み入れると、女神が次のように呼びかけます。

では、お前は全てのことを聞き学ぶべきである。／一方で、よく説得をする真理の揺るぎない心臓を／他方で、死すべき者どもの思い込み、それらの内に真なる信用はない。／しかしながら、次のことも学ぶことになろう。［お前に］そう思われたことが／全体を通じて全てを貫きながら、信頼できるはずだったのに、どうしてそうならなかったのかを。

——ディールス&クランツ編『ソクラテス以前哲学者断片集』第二八章、納富信留訳

——ここで、すでに挫《くじ》けそうです……。まず女神が若者に「すべてのことを聞き学ぶべき」と忠告してますね。

納富　ええ。そのすべてのことの一つは「真理」で、もう一つが「死すべき者どもの思い込み」つまり、人間の思い込みですね。ギリシア語では「ドクサ」といいます。問題は後半の「しかしながら、次のことも学ぶことになろう」以下の箇所です。

ここは、私が学生時代に教わった井上忠先生の解釈を愚直にお伝えしようと思います。「［お前に］そう思われたこと」というのは、女神に「ある」の真理を告げられて、自分の心に立ち現れた思いです。ここまではいいですか。

——はい。読者のために補足しておくと、女神は「序歌」の後で、若者に「あるは、ある。ないは、ない」という真理の道を提示するんですね。「ある」以上は、無から生まれたり、無になったりすることはない。また、まったく「ない」ものは考えることも語る

こともできない。だから女神が告げた真理は「ある」ということですね。

納富　そうやって女神から「ある」という真理が告げられたのだから、自分の心に現れる思いも当然、「ある」という真理でなくてはならないはずです。ところが、自分が掴んだと思ったはずの真理も、すぐに「ある」と「ない」を混同する人間の思い込みへと転落してしまう。人間の認識がなぜそうならざるをえないのかを身をもって自覚しなさい、というのが女神のメッセージなんですね。

私はすごい解釈だと思いました。人間は女神から真理を聞いたから「真理がわかった」とはならない。わかったと思った瞬間に、思い込みのなかにもう一回戻っているんだと。

――そのことは女神はお見通しなんですね。

納富　まさにそうなんですが、そうすると女神はどこから語っているんだろうという問いが出てくるじゃないですか。それは「ある」の外側なんですよ。「ある」はまん丸いなんて言ってますから。女神は「ある」の外側で、若者に真理を語りかけているわけです。

そういうところまで汲み取っていかないと、パルメニデスの衝撃は実感できません。「ある」の外側って何なのかとか、そこで言葉が成り立つのかとか、そういった語りえぬ「超越」の問題を引き込んでいるからこそ、パルメニデスは衝撃なんですよ。

――人間側に話を戻すと、結局、女神から真理を聞かされても、正確に受け取ることはできないわけですよね。だとしたら、そのことを学び自覚しても仕方ないんじゃないかという気もしてくるんですが。

納富　そういう問いや疑念が当然、出てきますよね。私はこう考えます。**真理が人間の思い込みに転落してしまうことを学ぶべきなのは、そのことで世界が変わって見えるからじゃないでしょうか。**逆に、そういうことを学ばなかったらどうでしょう。いつまで経っても「ある」と「ない」を混同し、そのことに気づかないまま、日常生活にまどろみ続けることになります。

　ですから、女神に出会って、人間の思い込み、つまり自分自身のあり方を自覚することで、出会う以前とは違う世界を生きている。そしてさらに、それを人間の言葉でどのように語っていくかという課題が突きつけられるわけです。

――パルメニデスの「ある」、恐るべしですね。

納富　そうですよ。**「ある」という一語で、西洋哲学が始まった**という見方だってできるくらいです。プラトンからハイデガーまで、この「ある」の衝撃を受け止め、哲学を作ってきた。その衝撃は、二五〇〇年たったいまでも西洋哲学を動かしている大きな原動力になっているんです。

ソフィストとは誰か

プラトンはソフィストを怖がった

――パルメニデスの「ある」は、日常的な実感とは明らかに食い違いますよね。なにせ、「ある」は生成消滅しないどころか、運動や変化もなく永遠不変と言うんですから。このパルメニデスに対応して、自然哲学も新たな展開を見せていきますが、そこは深入りせず、冒頭のイントロダクションに譲ります。

ここからは、納富さんの区分でいう「古典期ギリシア哲学」に入ります。ソクラテス、プラトン、アリストテレスというビッグネームが登場する時代です。

まずは、ソフィストについて質問します。ソフィストというと「詭弁家《きべん》」と訳されたりして、一般的には「口舌《こうぜつ》の徒」のようなネガティブなイメージで捉えられています。こうしたソフィスト像は正しいのでしょうか。

納富　ソフィストって言葉は知っているけれど、その実態を知ろうとする人はほとんどいないんですよね。だから、ネガティブと言ってもぼんやりしたもので、ほとんど注目されないわけです。

ロクに知らないで、二流三流だと無視するのは知的な怠慢です。私自身は、ソフィストの「ほんとうのネガティブさ」を引き出そうと思って、『ソフィストとは誰か？』という本を書いたところがあります。つまりこの本で言いたかったのは、**ソフィストは怖い連中でありプラトンは本気で恐れていたんだ**と。

そういう意味でソフィストと呼ばれる人たちのインパクトは何だったのかというと、彼らは決してすばらしい哲学者などではなく、むしろ哲学の手強《てごわ》いライバルであり、挑戦者なんです。そしてソフィストが哲学に対して、どういうアンチテーゼや挑戦を突きつけてきたかという問題を掘り起こすことが、私がずっと続けているプロジェクトです。

――納富さんは、どういう経緯でソフィスト研究をすることになったんですか。

納富　少し長い話になりますが、そもそもは私が大学院に進んで、本格的にギリシア哲学を学び始めた頃にさかのぼります。当時、難解さにとまどいながら、プラトンの『ソフィスト』という対話篇を読んでいたんです。

『ソフィスト』という本は、たしかに「ソフィストとは何か」ということを議論しているんですが、世界中のほとんどすべての研究者が、この本の主題は存在論や論理学、認識論であり、ソフィストというタイトルは名目にすぎないと考えていました。

たしかに『ソフィスト』は、西洋哲学で最大級の存在論の本です。ソクラテスが、先ほどのパルメニデスの原理「あるは、ある。ないは、ない」に正面から挑み、高度で難解な哲学議論が展開されていきます。「あるは、ある意味で、ない。ないは、ある意味で、ある」なんて結論が出ます。また、二〇世紀を代表するドイツの哲学者ハイデガーが、『存在と時間』の冒頭で次の一節を引用していることでも、この本はよく知られています。

君たちは、この「ある」という語を発する時、一体何を意味しようとしているのか。君たちがそれを前から知っているのは明らかだからだ。だが、私たちは、以前には知っていると思っていたのに、今はすっかり困難に陥ってしまっている。

――プラトン『ソフィスト』二四四A、納富信留訳

――ハイデガーも含め、『ソフィスト』という書名は名ばかりで、主眼は「ある」だと研

究者は考えていたんですね。

納富　ええ。ところがずっと読んでいると、何か違和感がある。だって、この本でプラトンはソフィストを定義しようとしているんです。批判ではなく定義ですよ。プラトンは若いときからずっと対話篇のなかでソフィストたちを否定的に描いてきました。でも、なぜ晩年の著作である『ソフィスト』で、パルメニデスまで持ち出して、「ある」とか「ない」とか言いながらソフィストの定義をしようとしているのか。それが引っかかって、何年間か考え続けていたんです。

次第に、ソフィストというのは大変な問題であることがわかってきました。「**ソフィストとは何か」が言えないと哲学は成立しない**。プラトンはそういう問題として、ソフィストを捉えていたんだろうと。そこまでプラトンが怖がったソフィストなら、できる限り実像に近づきたい。そう思って、さまざまな資料からソフィストを復元しようとしたのが『ソフィストとは誰か?』という本なんです。

「内なるソフィスト」との対決

――プラトンがそこまでソフィストを恐れたのはなぜですか。

納富　ソフィストにも多様なタイプがいるので、問題も多面的ですが、当代随一の弁論家と言われたゴルギアスについて言えば、「**言論は力である**」ということでしょう。

自分が教える弁論術を身に付ければ、人々を奴隷のように支配できる。そういうことをゴルギアスは平気で言うわけですよ。言論の力によって真理はいかようにでも操作できる。そうやって言論と権力を一体化させてしまうことの怖さを、プラトンは肌身で知っていたのでしょう。だから「真理と虚偽は分けることができるし、分けなくてはいけないんだ」と論じて、ソフィストを「虚偽」の語り手として批判するわけです。

でも、ソフィストの言ってることは、一面ではそのとおりなんですよね。彼らは哲学者に対して、偉そうに哲学なんて言ってるけど役に立たないとか、結局詭弁だろうとか、言葉だから幻想だろうとかね。そう言うことで哲学を試しているわけですよ。

それに対してソクラテス、プラトンは一生懸命対抗して、そこに一つの哲学が生まれるんです。その意味では、ソフィストなしに哲学者は存在しない。ソフィストを批判し、自分はソフィストではないことを、正しい言論を通じて示していくところに、哲学は生まれるんです。

そういう目で現代社会を見ると、ゴルギアス的な言論に満ち溢れていますよね。

――たしかに。フェイクニュースとか、ポスト・トゥルースとか、まさに言論が真理を作ってしまっています。

納富　それはソフィストやソクラテスの時代から変わってないわけです。当時だって、マジョリティは当然ソフィストの側なんですよ。ソフィストのほうが有名だし人気がある。だからみんな、ソフィストのところに行くんです。ソクラテスのところに行くより、授業料を払ってでもソフィストに習いに行ったほうが得なんだから。

――ソクラテスって、圧倒的にマイノリティだったんですね。

納富　そうそう。その認識は非常に重要です。ギリシア哲学っていうとソクラテス、プラトン、アリステレスが君臨していたように見えるけど、実際の彼らは異端のマイノリティですよ。同時代の人には、彼らのほうがアンチテーゼに見えていると思います。マジョリティのソフィストに向かって楯突《たてつ》いてる人だから。プラトンだっていまでこそ西洋哲学の巨人として扱われていますけど、同時代には、もっと有名な哲学者たちがいましたし、プラトンをソフィストと呼ぶ論敵だっていました。

そして、もう一つ重要な点です。もしかしたら私だって、ソフィストかもしれません。ソフィストは自分の内にも棲《す》みついています。プラトンだってそうでしょう。この内なるソフィストと対決することが、プラトンの始めた哲学と言えるんじゃないでしょうか。

「不知の自覚」からイデア論へ

「不知の自覚」と「無知の知」の違い

――いよいよ、と言うと「特別扱いしている」と納富さんに叱られそうですが、ソクラテスの出番がやってきました。ソクラテスと言えば、高校の世界史や倫理で「無知の知」ということを教わります。でも納富さんは、「無知の知」という言い方は誤りで、正しくは「不知の自覚」であると繰り返し主張されてきました。

納富　最初に異を唱えたのは二〇〇二年ですから、二〇年間言い続けてきました(笑)。それでも状況はなかなか変わらない。ようやく二〇二三年に、私も執筆者の一人として参加した高校倫理の教科書で、「無知の知」が撤回され「不知の自覚」となったんです。

――画期的じゃないですか！　あえて質問しますが、「意味が通じればどっちでもいいじゃないか」という考え方じゃダメなんですか。

納富　そういう反応がふつうでしょうね。でも、言葉を正しく語るのが哲学です。「無知の知」は明らかに間違いですので、見過ごすわけにはいきません。哲学史家の仕事は、間違っていることは「間違っている」と指摘して、変えていくことです。

じゃあどこが間違っているのか。順を追って説明します。ソクラテスは、**「知る」ことと「思う」ことがいかに違うか**ということを、生涯追求し続けた人です。

つまり、「知る」とは、明確な根拠を持って真理を把握しているあり方を指すのに対して、「思う」は曖昧な根拠しかない状態のことを言います。だから答えが正しくても、根拠をきちんと把握してない状態は「思う」なんです。

たとえば「お金があったら幸せになると思うよ」とは言うけれど、ここに「知る」を使うのは変ですよね。

――お金があっても幸せじゃない人はいる以上、明確な根拠を持っているとは言えないですね。

納富　ソクラテスの対話というのは、そういう思い込みに対して、それは「知っている」と言えるのかどうかを、とにかくしつこく聞く。そして対話の結果、「知らない」ということが出てくるんですね。

このことをふまえて、「不知の自覚」について考えてみましょう。『ソクラテスの弁明』に出てくる有名な一節は、「私のほうは、知らないので、ちょうどそのとおり、知らないと思っている」というものです。

これはソクラテスの台詞《せりふ》です。なぜここで「思っている」という言葉を使うかというと、さまざまな人と対話しながら、自分が「知らない」ことを検証している最中だからですね。

――検証の最中ということは、明確な根拠を手にしていないということですよね。だから「思っている」と。

ソクラテス（前469頃–前399）
ジャック・ルイ・ダヴィッド作《ソクラテスの死》より、1787年、メトロポリタン美術館

納富　そう。仮に知ってしまったら、「知る」の定義からして、もう検証の必要はないんですよ。もしソクラテスが「知らないことを知っている」状態で「あなた知ってますか?」と尋ねたら、それは相手へのいやがらせかいじめです。だって自分は完璧に知っているのに、わざわざ「知っているか?」と尋ねるんだから。

そうじゃないんですよね。『ソクラテスの弁明』

でなぜソクラテスが、次々と人を尋ね歩くかというと、知っているかもしれない相手と一緒に探求するためです。だけど、最終的に二人とも「知らなかった」という認識で終わる。そうやって、**自分が「知らない」と思うことを、確認し続けていくこと**が、ソクラテスの始めた哲学というものです。

——だから「無知の知」じゃおかしいわけですね。それでは、ソクラテスは知に到達したことになってしまうから。

納富 そうです。この点をきちんと理解しないと、ソクラテスは他人を調べ上げてはその無知を暴き、恥をかかせて喜んでいる意地悪な知者になってしまう。だから「無知の知」という標語は誤解であると同時に、ソクラテスの真意をぶち壊しているわけです。

——非常にクリアな説明で、よく理解できました。では「無知」じゃなくて「不知」とするのはどういう理由からですか。

納富 プラトンが明確に分けて使っているからです。私の訳し分けでは、「**不知**（アグノイア）」は、いま説明したように、ただ「知らない」ということですが、「**無知**（アマティアー）」は、知らないことを自覚しないで、自分は知恵があると思い込んでいる状態のことを言います。

――なんと！　じゃあその訳語だと無知は、ソクラテスとは正反対じゃないですか。

納富　そうですよ。プラトンの『ソクラテスの弁明』で、ソクラテスは政治家、詩人、職人のところに赴《おもむ》き対話をして、自分の「不知」を検証していくわけですが、同時に、彼らには共通の誤解があることを発見するんです。彼らは、ほんとうは大切なことを知らないにもかかわらず、地位や評判や技量によって自分こそ知恵ある者だと思い込んでいる。これが「無知」であって、ソクラテスにとっては最悪の恥ずべきあり方です。

――だとすると、無知なら意味はわかりますが、「無知の知」は理解不能ですね。納富さんが二〇年間言い続けてきた理由が腑に落ちました。

納富　「思う」と「知る」の違いは、元をたどるとパルメニデスなんですよ。つまり、人間は女神から真理を告げられても、間違って受け取ってしまう。そのことを自覚しなさいという話をしましたね。要するに人間は、「知る」ことはできず、「思う」に留まってしまう。それを自覚せよというのだから、構造は「不知の自覚」と非常によく似ています。

ソクラテスの場合も、不知を自覚して諦めるんじゃなくて、「**真なる思い**」と「**偽なる思い**」を区別し、「**検証された思い**」と「**単なる思い込み**」**といったことを少しずつ明確にしていこう**と、自己と他者の吟味を続けていくわけですよね。それがソクラテスにとって哲学するということなんです。

「不知の自覚」とイデア論は接続するのか

――ソクラテスの「不知の自覚」と、プラトンのイデア論はどのようにつながっていくのでしょうか。あるいは両者の間には何かしら断絶があるのか。素朴に考えると、不知を自覚するなら、イデアという積極的な概念を提出するのは難しいように思うのですが。

納富　その問題も古代ギリシア哲学史の急所です。

多くの人たちはこう考えているんですね。ソクラテスとプラトンでは哲学のあり方が違うんだと。ソクラテス哲学を描いたプラトンの初期著作と、プラトン自身の哲学を展開している中期著作は、通常は明確に区別して扱われます。前者では「不知の自覚」が登場し、後者ではイデア論が展開するけれど、**その二つはまったく相容れない**というのがほとんどの人の見方です。

これは無責任な、説明の放棄だと思います。プラトンのなかでその二つがどう位置づけられているのかという問題には向き合わず、途中から正反対の哲学を展開したというのですから。

よくあるもう一つの説明は、「不知の自覚」は前提条件であり、それをクリアした後に、ポジティブなイデア論に進むんだという二**段階説**です。

こちらも私は同意できません。人間にはいろいろな思い込みがあるから、それを取り除きましょう、取り除いてきれいになった後は、ポジティブなイデア論に進めますよ、みたいなお手軽な話じゃないんですよ。

――二段階説は自己啓発セミナーのプログラムみたいですね（笑）。

納富　そんなに簡単に不知の自覚をクリアできるはずがないし、そもそも不知の自覚は一生続けていかなければならないとソクラテスは考えています。だとしたら、プラトンのなかでも不知の自覚はずっと追求されていると考えるべきじゃないでしょうか。

ではそのこととイデア論はどう結びつくのか。私もまだ十分に解明し切れていないので、ラフスケッチだけお伝えします。

まず「知らない」と言い切るのは、ほんとうは大変なことなんです。胸を張って「知ら

プラトン（前427–前347）
シラニオン作（複製）、カピトリーノ美術館
（写真：Marie-Lan Nguyen）

ない」と言うためには、自分が思っていることの根拠が誤っていることを明確に示す必要があります。だから「善と何か」「美とは何か」という問題に対して、「知らない」と言い切れる強さはどこにあるんだろうか。**その根拠は、究極的には「知」との関わりにあるんじゃないか**、というのが私のラフなアイデアです。

もう少し補足すると、曖昧な思い込みのなかでは「知らない」とは言えないんですよ。知っているかもしれないし、知らないかもしれないという中途半端な状態だから。多くの人がこの中途半端な状態でまどろんでいるなかで、ソクラテスほど徹底して「知らない」と言い切る人は、もっとも知に接近していると言えるはずです。

――ソクラテスの「不知の自覚」は「不知の知」の寸前くらいまで行っているというイメージでしょうか。でも「不知の知」まで行くと、哲学は終わってしまいますよね。

納富　そこが難しいところなんですが、知らないことを明確にしていくことは、裏を返せば「知」を希求しているということです。それはどういう「知」かということを、プラトンはイデア論として語ったんじゃないか。だから「不知の自覚」とイデア論は相反するものでも、二段階でもなく、**コインの表と裏のような関係**だと、私は言いたいんです。

それをきっちり議論として示せれば、哲学としてかなりのところまでたどりついたことになるはずです。部分的にはそういう議論はできるんですけど、全体像としてそこまで言い切れるまでには至っていません。どうしてかというと、やっぱりプラトンのイデア論はイケイケなわけですよ（笑）。

――洞窟の比喩では、太陽が善のイデアの比喩ですよね。ポジティブでまぶしい感じはします（笑）。

納富　そういうポジティブなところが、ソクラテスの否定の精神となかなか相容れないというか、像が結ばないんですね。

死と愛

――部分的に成立しそうな議論というのは、どういうものでしょうか。

納富　いくつかのルートがありますが、一つは「死」です。『ソクラテスの弁明』のなかで、ソクラテスは、死の善悪について「不知」であることを強調しています。一方、『パイドン』という作品で、ソクラテスは死んだときこそ、魂それじたいがイデアを観《み》ると言うんです。

> 私たちが何かを純粋に知ろうとするならば、肉体から分離され、魂それ自体で物事それ自体〔イデア〕を観なければならない。そしてその時、思うに、私たちが求め、私たちがその愛求者であると言うもの、つまり叡智《えいち》が、私たちのものとなることだろう。言論が示すように、それは私たちが死んだ時であり、生きている間ではない。
>
> ――プラトン『パイドン』六六D―E、納富信留訳

つまり死は、不知の極致にあると同時に、肉体から離れて完全にピュアな状態となった魂がイデアを観るときでもあるわけです。ここで、ソクラテス哲学とプラトン哲学が融合する地点を看《み》て取ることができると思います。

もう一つは愛《エロース》です。『饗宴』のなかで、巫女《みこ》のディオティマは、愛の究極の教えとして、美のイデアを次のように語っています。

> 最初に、それは、つねに、あるのです。生成せず、消滅もせず、増大せず、減少もしません。次に、ある観点では美しいが、別の観点では醜いとはならず、ある時には美しいが、別の時には美しくないとはならず、あるものとの関係では美しいが、別のも

のとの関係では醜いとはならず、ある所では美しいが、別の所では醜いとはならず、ある人々には美しいが、別の人々には醜いということもないのです。

——プラトン『饗宴』二一〇E—二一一A、納富信留訳

この一節、「ない、ない、ない」と否定づくしでしょ。それがパルメニデスの女神が語った「ある」の真理とも重なっている。つまり、人間の世界の相対的な美醜を否定し尽くしてはじめて見えてくるのが、永遠不変の愛のイデアなのです。これもまた、不知の自覚を徹底することでイデアと遭遇する場面と言えます。

図形を使ったイデアの説明はなぜつまらないのか

——イデアって荒唐無稽な感が否めなかったんですが、いまの説明を聞いて、イデア論に対する見方がガラッと変わりました。

納富　いま言ったように読まないと、イデア論ってほんとうにつまらない説明になってしまうんですよ。教科書にありがちなのは、三角形の例です。自分で描く直角三角形は不正確だけど、知性は完全な直角三角形を捉える。それがイデアだ、みたいな。

――これまで何度も目にしました（笑）。

納富　直角三角形のイデアなんて、どうでもいいと思いませんか？　図形を使ったイデアの説明が間違っているわけではないけれど、これをイデアの典型にしちゃいけないんですよ。なぜかというと、直角三角形は見れば誰でもわかるから。「これは直角三角形じゃない！」と言い争ったりしませんよね。

それに対して、正しいか不正かとか、美しいか醜いかというのは、正反対の見方が現れてしまうんです。一つの行為について、Aさんには「正しい」と思えても、Bさんには「正しくない」と思える。どちらもソクラテスの言う「思う」状態ですよね。

だからと言って、どっちもどっちだと開き直ってしまったら、それこそ相対主義を唱えたソフィストのプロタゴラスや、言論は力だとしたゴルギアスのようになりかねない。ソクラテスに言わせれば、善く生きる道が閉ざされてしまうわけです。

プラトンのイデア論は、そういう「**どっちもどっち**」を**断固退《しりぞ》ける**ところが肝なんです。正しさそれじたいというイデアがあるからこそ、「これはこの点では正しい」とか「この点では不正だ」という議論や対話が可能になります。

『ポリテイア（国家）』に出てくる有名な「洞窟の比喩」では、洞窟の外から中に戻った哲

だから二人は相補的なところがあって、**アリストテレスはプラトン的な壮大な図式を消さないまま、精緻に分類をしてディテールを詰めていく**んですね。だから、論理学、自然学、倫理学などを区別し、さらに細分化し、それぞれの学問には固有の原理があると考えるんです。

たとえば自然学だと、彼はまず『自然学』で運動変化の基本的な分析をするんですよ。そこに四原因説が出てきます。それから、天体については『天体論』、地上の自然現象は『気象論』、そして物体レベルの生成変化を考察する『生成消滅論』というふうに各論に入るんですね。

ソクラテス・プラトン哲学の体系化

——プラトンとの連続性は、具体的にどういうところで確認できるんですか。

納富　わかりやすいのは、私が翻訳した『ソフィスト的論駁《ろんばく》について』という著作です。私たちがふだんしている議論には、言葉の多義性や見かけの論理など、虚偽が生まれるいろんな落とし穴がありますよね。この本では、そういう誤謬《ごびゅう》を一三種に分類して、それぞれ考察しながら解決法を示していくんです。

プラトンだと、先に述べた『ソフィスト』で原理論はやるんですよ。それは、パルメニデスの「ある」「ない」を基盤に、真と偽はどう成立するかという、非常に抽象的な議論です。

つまりプラトンは、虚偽の議論があることを原理的に証明するんですが、アリストテレスはその前提のうえで、それがどうやって発生するかを一三通りに分けて示したんですね。こういう細かいことは、プラトンはやりません(笑)。だけど、アリストテレスのこの著作によってはじめて、虚偽が成立するメカニズムが明らかになったし、虚偽に陥らないようにするにはどうすればいいかもわかるんです。

――なるほど。アリストテレスは、プラトンの大きな議論は受け継ぎながら、より精緻な考察を展開していくんですね。

納富　そう。プラトンの弟子として、プラトンの大局的な議論は見失ってないんです。そのうえで、プラトンがやり切れてないことを自分が完成させようという気持ちは強くあったと思います。

ただ、筋金入りのアリストテレス研究者からしたら、私のいまの説明は矮小《わいしょう》化していると感じられるかもしれません。プラトンに結びつけなくても、アリストテレスは偉大だと言いたいでしょう。それはもちろん認めます。でも同時に、ソクラテス・プラトンの哲学を完成させた意義も大きいということです。

プラトンのイデア論だけで突っ走ると、神秘主義的な方面に滑っていく危うさがあるんですよ。下手をすると、「修行してイデアを見ろ」という話になりかねない（笑）。アリストテレスは、そういう方向は極力拒否して、きちんと論証しながら「何通り」と示していく。だから歴史的に見ると、**ソクラテス・プラトンの哲学を大きな体系に展開し定着させた**という見方はできると思うんです。

四原因説と可能態／現実態

――アリストテレスの自然学では、四原因説とともに、現実態と可能態という概念が出てきますが、その関係性で迷子になる人も多い感じがするんです。これらの概念は、どのように整理をすると理解しやすいでしょうか。

納富　アリストテレスはいきなりイデアのような話はせずに、私たちが生きているこの自然界、つまり生成変化の世界を説明するわけですよね。そこでまず、形相、質料、始動、目的という四原因説が出てきます。これはなかなかいい説明ではあるんですが、アリストテレスは究極の説明だとは思ってないんですね。

たとえば素材の粘土があって、彫刻家が粘土をこねてソクラテスの像を作ったとしましょう。これを四原因説で説明すると、像になる前の粘土が質料因、ソクラテスの姿が形相因、彫刻家が変化の始まりなので始動因、さらに彫刻家が心に抱いた完成像が、めざすべき目的なので目的因ですね。

でもこれだと、どの時点でどういうふうに粘土がソクラテスに変わったのか、という中間段階がわかりません。

――なるほど！

納富　最初と最後はわかるわけですよ。質料である粘土と、形相であるソクラテスの姿はわかるんだけど、途中がないと変化と言えませんよね。自然界は生成変化する世界なので、最初と最後だけを見て四原因で説明しても、生成変化は捉え切れないわけです。

そこで登場するのが、可能態（デュナミス）と現実態（エネルゲイア）という概念です。**可能態である事物が、現実化（エネルゲイン）して現実態になっていく**。

この二つの概念を使うと、時間のなかの進行を語ることができるんです。だから可能態と現実態のほうが、自然の変化や動きを捉えるうえでは、一枚上だということですね。

ヘレニズム哲学の共通点

ストア派とエピクロス派

――アリストテレスを通過して、ここから納富さんの区分では、後半期「広域王国・帝国の哲学」に入ります。まず、この後半期の時代区分について、簡単にご説明ください。

納富　冒頭で、ギリシア哲学史の前半期はアリストテレスが死ぬところまでという話をしましたね。それ以降の後半期は、ヘレニズム期と古代後期と二つの時代に分けると、見通しがよくなります（次頁表）。古代後期というのは、要するにローマ帝国の時代です。

後半期の舞台は、ポリス社会から広大な帝国へと移ります。それに伴って、**哲学の特徴も、ポリスをどうするかという公共的な関心は希薄になり、個人の心の平静にもっぱら関心が向かう**んですね。

――ヘレニズム時代では、ストア派、エピクロス派、懐疑主義が有名です。

納富　三つの学派は、一見、まったく違う哲学のように見えるけれど、「どうしたら平穏に生きられるか」という関心は共通しているんですね。だから「ポリスを良くしよう」「良い

後半期：広域王国・帝国の哲学

	ヘレニズム哲学	古代後期哲学
時期	前4世紀末～前1世紀（前30年、プトレマイオス朝滅亡）	前1世紀～後6世紀前半（529年、ユスティニアヌス帝の異教徒学校閉鎖令）
場所	ヘレニズム世界（エジプト、シリア、ペルシア、アフガン）、中心はアテナイ、アレクサンドリア、アンティオキア、ペルガモン、スミュルナ、ロドスなど	ローマ帝国、中心はアテナイ、ローマ、アレクサンドリアなど
社会	ペルシアやエジプトなど旧先進地域に拡大、各王国の庇護、多文化	共和政から帝国へ、諸宗教の興隆、キリスト教化
代表	エピクロス、ストア派（キティオンのゼノン、クリュシッポス、パナイティオス、ポセイドニオス）、アカデメイア懐疑派（アルケシラオス、カルネアデス）、ピュロン	キケロ、エピクロス派（フィロデモス、ルクレティウス）、中期プラトン主義（プルタルコス、アプレイウス）、後期ストア派（セネカ、エピクテトス、マルクス・アウレリウス）、アリストテレス派（アフロディシアスのアレクサンドロス）、懐疑主義（セクストス・エンペイリコス）、新プラトン派（プロティノス、ポルフュリオス、イアンブリコス、プロクロス、ダマスキオス、シンプリキオス）、キリスト教ギリシア教父、キリスト教ラテン教父、ボエティウス
関心	生き方、自然、文法・論理・文献学（アレクサンドリア図書館が拠点）。自然科学（天文学・生物学・物理学・幾何学・医学）が発展したが（アルキメデス、ユークリッドら）、哲学とは隔絶	生き方、注釈、弁論術、宗教

政治をしよう」という発想には向かいません。自分がいくら動こうとも、巨大な帝国は変わらない。政治的には個人はひたすら無力なので、結局、自分の心だけをコントロールしようという方向に進んでいくんですね。

でも、魅力はあります。ヘレニズム哲学から見たら、ポリスを前提に哲学しているプラトンやアリステレスは能天気に見えるはずです（笑）。ヘレニズムの哲学者は、ポリスの枠が外れたところで、ものを考えないといけない。コスモポリタン、つまり世界・宇宙の市民ですね。**アイデンティティの確保ができない状況で、どのように生きればいいのか。**これは、現代人にも共通する問いですよね。だから、現代でストア派の哲学が人気だというのもよくわかるんです。

――ストア派とエピクロス派の自然観とはどのようなものだったんでしょうか。

納富　ストア派は、感覚できないイデアのような存在は認めないんですね。すべては物体で、物体の全体である自然は、理性それじたいである「神」なんです。そうすると、自然じたいが神なんだから、万物は摂理にしたがって生成することになります。そこから、人間はその摂理を理解して生きれば幸福になれるという考え方が出てくるわけです。

――有名な「自然に従って生きる」ですね。

納富　一方、エピクロス派は、デモクリトスの原子論を受け継ぎ、発展させるんですね。世界に存在するのは原子と空虚だけであって、さまざまな形や大きさ、重さを持つ原子が、運動しながら離合集散して、宇宙を作っているんだと。だからデモクリトスもエピクロスも、神々も原子でできていると考えるんですよ。

エピクロスの場合、そこにもう一捻《ひとひね》り加えて、神々は永遠で至福の原子であって、人間のことなんて気にしないし、介入もしないと言います。

——けっこう大胆な発想ですね（笑）。

納富　そう。ただ、人間は神さまのことをいろいろ想像したり考えたりするじゃないですか。それは実在している神々の像が物理的に人間に伝わったからだと考えます。でも、それは因果的に像を与えているだけであって、神は人間のことなんてどうでもいいんですね。

こういうふうに、原子論を正しく認識すれば、人間は神を恐れたりする必要はないのだから、平穏に心地よく生きることができるんだというわけです。

——エピクロス派の「隠れて生きよ」というモットーも、原子論と関係あるんですか。

納富　エピクロスは、身体だけでなく、魂や精神作用もすべて原子論で説明するんです。魂も物体である以上、別の物体から打撃を受けると、混乱したり衰えたりするんですね。

エピクロスは身体が苦痛を感じず、魂の動揺が少ない生き方を目指すわけだから、刺激の多い場所には行かないほうがいいし、政治に手を出すなんてもっての他ということになります。**平穏な生き方は、原子論の認識に支えられて実現する**のです。

ヘレニズム哲学の現代性

――先ほど、ヘレニズムの哲学は現代社会に通じるところがあると指摘されましたが、そういう状況をどのようにご覧になってますか。

納富　少し危うさは感じています。ストア派もエピクロス派も、現状変革という発想は出て来ないんですよ。社会に対しては、どちらも現状追認です。つまり、いまの政治を変えることはできないから、何もしない。政治的状況は自分の権外にあるから、起こることをそのまま受け入れるしかない。だけど、内面は自由なんだと。言うなれば。そういう非常に**内向きの思想**です。セネカ（前四頃―六五）はネロに従って宮廷で生きて、最後は死ねという命令を受けて自殺します。暴君でも独裁者でもそれは自分の外部のものなので、自分は何もできないのです。

彼らからすると、プラトンのように「理想の国を作るために、自分は革命も辞さない」

という態度はバカに見えるかもしれないけれど、少しでもそういう気概がないと、社会は変わりようがありません。

エピクロス派の「隠れて生きよ」も、SNSの仲間内だけで閉じこもって生きましょうみたいにも見えます。だから、現代社会が抱えている問題とシンクロしている部分はたしかにあると思います。

懐疑主義もそうですよね。地球温暖化という見方が正しいと言ってる人もいますけれど、間違っているという意見もあります、だから判断保留しましょうというのが懐疑主義ですから。むろん、本来の懐疑主義はもっと哲学的ですが。

——身の回りのことしか考えなくなりますよね。

納富　そうそう。外から攻撃を受けないように防御していく。自分から外に出ていくとか、人と関わるとか、そういうのを拒絶するわけです。隣の国で何が起こっているかは、私には関係ありません、と。コスモポリタンという発想の、悪い面だと言えるかもしれません。

アリステレスは正反対でしょう。自分一人では不十分だから、共同体のなかで善を実現するというのが、アリストテレスの倫理ですよね。だからわれわれの幸福は政治学でしか実現できない、と持っていくわけです。**ヘレニズム哲学には、そういう公共的な共同体を**

作る思想がないんですね。

新プラトン主義は突き抜ける

――ヘレニズム期と古代後期ではどのような違いがあるんでしょうか。

納富　古代後期と呼ぶローマ時代には、今度は宗教色が強くなっていくんです。この時代に生まれて広まったキリスト教もその一つです。そんな時代の哲学の典型が、三世紀のプロティノスから始まる新プラトン主義です。新プラトン主義では、ヘレニズム哲学のような自分に閉じこもる内面化ではなく、そこからドーンと突き抜けて超越者、プロティノスが「一者（ト・ヘン）」と呼ぶもの、つまり神に行ってしまう（笑）。

プロティノスは、「古代の総合」と言われるくらい、いろんな哲学を取り入れているんですよ。ストア派もよく学んでいるし、アリステレスも徹底的に使う。それまでのいろんな哲学を手中におさめたうえで、それをプラトニズムとして昇華させるんです

プロティノス（205頃–270）
複製、作者不詳、オスティエンセ博物館

ね。しかもプラトンが言ってないことまで言ってしまう。

「善のイデアは存在を超えている」という『ポリテイア』の一節をとりあげて、プラトンが言ってるか、言ってないかギリギリのところで、存在を超えた「一者」に向かうわけでしょう。そこから万物と世界が流出するから、私たちの魂も一者とつながっている。だから、究極的に一者へ帰還し、一者と合一するのだという**神秘主義的な色彩**を帯びていくわけです。

――プロティノスはプラトンのどのあたりから強く影響を受けているんですか。

納富　一番は、『饗宴』にあるようなエロース的な突き抜けのほうじゃないかと思います。美のイデアに憧れて、魂の故郷に戻っていくというタイプのイデア論ですよね。

ストア派とかエピクロス派は、プロティノスのような突き抜け方はしません。もっとフラットな世界なんですよ。どちらもすべては物体のみの世界だから。

――なるほど。後期古代に入ると、垂直性が出てくる感じですね。

納富　そうそう。それはプラトンが強く絡むからなんですよ。ヘレニズム時代にはソクラテスはものすごく人気があるんですけど、プラトンはそれほどじゃない。ところがローマ時代になると、ソクラテスの存在感が薄くなって、みんなプラトンに向くんですよ。プロティノスを読んでも、ソクラテスは出てきません。

——面白いですね。そういう説明を聞くと、イメージしやすいです。

納富　やっぱり**イデア論には、突き抜ける力がある**んですよね。だから新プラトン主義はキリスト教とも相性がよくて、アウグスティヌスにも大きな影響を与えていくんです。このあたりで中世哲学にバトンタッチしたいと思います。

第1章ブックガイド　納富信留

納富信留『ギリシア哲学史』（筑摩書房、二〇二一）

西洋古代哲学の概説書は少なからずあるので、目的とレベルによって選ぶことをお勧めする。本書はギリシア哲学史について、個々の哲学者や思想についてやや詳しく知りたい人向けの一般書で、通読もできるが、索引を含めて事典代わりに使うことも可能。ギリシア哲学史の総論と方法論のあとで、古代の前半部で三三名の哲学者を扱っている。

納富信留『西洋哲学の根源』（放送大学教育振興会、二〇二二）

ギリシア哲学の主題を一〇の筋で取り上げながら、そのテーマをめぐる哲学者たちの意見の対立と応答を辿る放送大学教材。個々の哲学者については、前出『ギリシア哲学史』と照らし合わせながら理解する必要があるが、逆に、思想の大きな流れを追うには、本書の方がわかりやすいかもしれない。ギリシア哲学を受容した西洋や日本の歴史にも触れている。

内山勝利編『哲学の歴史1　哲学誕生　古代1』・『哲学の歴史2　帝国と賢者　古代2』（中央公論新社、二〇〇七・二〇〇八）

　現在日本で出ている西洋哲学史の概説書で、もっとも詳しく、かつ広い範囲をカバーしているシリーズの最初の二巻。個別の哲学者や事項の説明が充実しており、出版時の研究水準を示している。他方で、多数の執筆者による分担での解説のため、相互に連関や整合性などがやや欠けているように見える部分もある。年表などと合わせて、事典的な使い方がよいかもしれない。

第 2 章

哲学と神学はいかに結びついたか

——中世哲学の世界

山内志朗

山内志朗

やまうち・しろう

1957年、山形県生まれ。慶應義塾大学名誉教授。
東京大学大学院人文科学研究科博士課程単位取得退学。
新潟大学人文学部教授を経て、慶應義塾大学文学部教授、
慶應義塾女子高等学校校長を務めた。
専門は中世倫理学、スコラ哲学。

主要著書

『普遍論争――近代の源流としての』
(哲学書房、1992→平凡社ライブラリー、2008)

『天使の記号学』(岩波書店、2001→岩波現代文庫、2019)

『ライプニッツ――なぜ私は世界にひとりしかいないのか』
(シリーズ・哲学のエッセンス、NHK出版、2003)

『〈つまずき〉のなかの哲学』(NHKブックス、2007)

『存在の一義性を求めて――ドゥンス・スコトゥスと13世紀の〈知〉の革命』
(岩波書店、2011)

『湯殿山の哲学――修験と花と存在と』(ぷねうま舎、2017)

『中世哲学入門――存在の海をめぐる思想史』(ちくま新書、2023)

共編著など

『世界哲学史』1〜8、別巻(ちくま新書、2020)

翻訳書

ヨハネス・ドゥンス・スコトゥス『存在の一義性――定本・ペトルス・ロンバルドゥス命題註解』(共訳、哲学書房、1989)

エティエンヌ・ジルソン『キリスト教哲学入門――聖トマス・アクィナスをめぐって』(監訳、慶應義塾大学出版会、2014)

イントロダクション

哲学一〇〇〇年が照らす智慧

斎藤哲也

本章では、西洋哲学史のなかでもっともとっつきにくい中世哲学の門を叩《たた》く。ヨーロッパ中世は、およそ五世紀から一五世紀まで約一〇〇〇年にわたる。ただ、中世哲学といった場合、後述するように古代末期の教父哲学も含まれるので、さらに時代幅は広がる。これほど長い時代にわたるのだから、数人の哲学者に代表させて中世哲学の歴史を説明するのは、そもそも無理筋である。したがって本章の内容も、中世哲学史のごくごく一部に触れたものであることを最初にお断りしておきたい。

本章のインタビューで中心的に取り上げるのは、アウグスティヌス、ボエティウス、アンセルムス、イブン・シーナー（アヴィセンナ）、イブン・ルシュド（アヴェロエス）、トマス・アクィナス、ドゥンス・スコトゥス、ウィリアム・オッカムという八人である。

このイントロダクションでは、この八人の簡単な紹介とともに、インタビューで取り上げる論点を適宜示していくことにしたい。

アウグスティヌスはなぜ偉大なのか

最初に登場願うのは、古代キリスト教世界で「最大の教父」と見なされている**アウレリウス・アウグスティヌス**（三五四―四三〇）だ。アウグスティヌスが生きた四世紀後半から五世紀前半は、ゲルマン民族が大規模に移動し、帝国の秩序が崩壊していく古代ローマ帝国末期にあたる。

世界史で習うように、キリスト教は当初、ローマ帝国内では迫害の対象だった。しかし、時代とともに信者が地中海世界全体に広がっていく。そしてとうとう四世紀に入ると、公認されたのち、ローマ帝国の国教となった。アウグスティヌスが活躍したのは、ちょうどキリスト教が国教になる時期だ。

キリスト教神学の基礎は、キリスト教の浸透とともに、一世紀末あたりから「**教父**」と呼ばれるキリスト教の聖職者や著作家たちによって築かれた。教父は、著作をギリシア語で書いたか、ラテン語で書いたかによって、ギリシア教父とラテン教父に大別される。

アウグスティヌスは、中世哲学のみならず、西洋哲学や西洋思想全体に絶大な影響を与えたラテン教父である。その影響力の一例として、ハンナ・アーレント（一九〇六―七五）の博士論文が、アウグスティヌスの愛の概念を論じたものであることを挙げておこう。創造とはどういうことか、父と子と聖霊が三位一体《さんみいったい》であるとはどういうことなのか、神の恩寵《おんちょう》とは何なのか、人間の意志や悪をどのように考えればいいのか、時間とは何なのか、など、アウグスティヌスが論じた問題は多岐にわたる。

しかしそれだけに、その思想の芯《しん》がどこにあるのかは、門外漢にはわかりづらい。そこでインタビュー本編では、中世哲学の大家である山内志朗さんのアウグスティヌス観を尋ねている。

ボエティウスと『哲学の慰め』

アウグスティヌスに続いて、インタビューでは「最後のローマ人にして最初のスコラ哲学者」と称される**ボエティウス**（四八〇頃―五二四頃）を取り上げた。

ボエティウスが生まれたのは、西ローマ帝国の滅亡とほぼ同時期の五世紀後半だ。

アリストテレスの哲学とキリスト教神学が混交するスコラ哲学が始動するのは一一世紀以降だから、時代的には「スコラ哲学者」の範疇《はんちゅう》には含まれない。にもかかわらず、なぜ「最初のスコラ哲学者」と呼ばれているのか、という問いを山内さんにはぶつけている。

インタビューでも説明されているように、ボエティウスは、当時イタリアを支配していた東ゴート王のテオドリックに仕えていたが、東ローマ帝国と通じているという嫌疑をかけられ、投獄ののち処刑されてしまう。

この獄中で書かれた『哲学の慰め』について、哲学研究者の坂口ふみ氏は「古代の文学と哲学思想の百科全書的な集成であると共に、アウグスチヌスの『告白』と並ぶ自伝文学の傑作であった」（『〈個〉の誕生――キリスト教教理をつくった人びと』岩波現代文庫、三五五―三五六頁）と評している。

『哲学の慰め』では、獄中で悲嘆するボエティウスのもとに、哲学の女神が現れ、運や幸福、徳、悪、自由意志、神の摂理、永遠性などに関する哲学的な洞察を通じて、ボエティウスに慰めを与えていくというストーリーが展開されていく。聖書を除けば、アウグスティヌスの『告白』と並んで西欧中世でもっとも多く読まれた著作である。

アウグスティヌスの著作は、もっぱら神学に関するものだが、ボエティウスはプラトンやアリストテレスに精通し、その全著作をラテン語訳し、注解することを目論んでいた。しかし先述した政争に巻き込まれ、志半ばで斃《たお》れることになった。

実際に翻訳できたのは、アリストテレスの論理学関係の著作である。これらは中世へと受け継がれ、イスラム圏からふたたびアリストテレスが流入する一二世紀までの西欧世界では、アリストテレス論理学への唯一の通路となった。

アンセルムスの「神の存在論的証明」

ヨーロッパ中世最初の大哲学者と言えば、「スコラ哲学の父」と呼ばれた**アンセルムス**（一〇三三—一一〇九）をおいて他にない。

「スコラ」は「学校」を意味するラテン語だ。この場合の学校とは、教会や修道院付属の神学校を意味する。そこから、教会や修道院付属の学校で研究された哲学をスコラ哲学と呼ぶが、一三世紀以降は、パリ、ボローニャ、オックスフォードなど、西欧各地に誕生していた大学がスコラ哲学の中心になっていく。

アンセルムスは一一世紀という早い時期に、例外的に活躍した哲学者・神学者である。フランスのノルマンディにあるル・ベック修道院で学び、のちにイギリスのカンタベリーの大司教に任命された。

アンセルムスの知的な精神は「**理解を求める信仰**」と表現される。理解を求める信仰とは、**理解が先にあって信じるのではなく、信仰が先にあって理解すること**を言う。そのことを記した一節を、『プロスロギオン（対語録）』という著作から引用しておこう。

> 主よ、私はあなたの高みを極めることを試みる者ではありません。私は、私の理解力をけっしてそれと比較することもないからです。しかし、私の心が信じまた愛しているあなたの真理を、いくらかでも理解することを望みます。そもそも私は信じるために理解することは望まず、理解するために信じています。
>
> ――『中世思想原典集成 精選3 ラテン中世の興隆1』古田暁訳、平凡社ライブラリー、二七四頁

同著で続けて出てくるのが、有名な「**神の存在論的証明**」だ。いくら「理解を求める信仰」とはいえ、大司教にまでなるような敬虔《けいけん》なキリスト教徒が、なぜわざわざ神

の存在証明をする必要があるのか。アンセルムスに関するインタビューは、そんな素朴な疑問から始まっている。

イスラム世界・ビザンツからの影響

中世哲学、ことに一三世紀以降のスコラ哲学最盛期を学ぶうえで、避けて通れないのが、**イブン・シーナー**（九八〇—一〇三七）と**イブン・ルシュド**（一一二六—九八）というイスラム圏の哲学者である。二人はそれぞれ、ラテン語では**アヴィセンナ**、**アヴェロエス**と呼ばれる。

先ほどボエティウスに触れて解説したように、プラトンやアリストテレスの著作は、ボエティウスが翻訳したアリストテレスの論理学関連の著作を除き、西欧世界ではほとんど受け継がれなかった。

しかし一二世紀に入って、状況は大きく変化する。西欧では、イスラーム哲学を経由してアリストテレス哲学への関心が高まるとともに、ギリシア語圏のビザンツや南イタリアで写本を通じて継承されていたアリストテレスのギリシア語原典がラテン語に翻訳されていった。

イスラム世界では、ただアリストテレスを訳していただけではない。イブン・シーナーやイブン・ルシュドらは、その翻訳とともに詳細な注解を加えている。したがって西欧の学者たちは、その注解書を活用してアリストテレスの哲学を咀嚼《そしゃく》し吸収していったのだ。とりわけイブン・ルシュドの注解書は圧倒的な影響を誇り、一三世紀以降のヨーロッパで「注解者」と言えばアヴェロエス、すなわちイブン・ルシュドのことを意味した。

先述した**大学の誕生とイスラム世界・ビザンツからのアリストテレス哲学の継承――、この二つがスコラ哲学最盛期を準備した**と言っても過言ではない。

相容れない思想を調和させたトマス・アクィナス

スコラ哲学最盛期を代表する神学者・哲学者が、「天使的博士」と呼ばれる**トマス・アクィナス**（一二二五頃―一二七四）である。

トマス・アクィナスの代表的著作である『**神学大全**』は、第一部「神論」、第二部「人間論」、第三部「キリスト論」という三部から構成されている（第三部は未完）。三つの「部」は合計五一二の「問題」から構成され、それぞれの「問題」はさらに「項」

に分かれている。

たとえば第一部の第三問題は「神の単純性」であり、ここに「第一項　神は物体であるか」「第二項　神において形相と質料との複合が存するか」「第三項　神とその本質乃至《ないし》本性とは同じものであるか」「第四項　神において本質と存在とは同じものであるか」など、八つの項目が配置されている。

私たちの感覚で言えば、テーマにあたるのが「問題」であり、具体的な問題にあたるのが「項」と考えるとわかりやすい。

教科書では、トマス・アクィナスは、アリストテレス哲学（理性）とキリスト教神学（信仰）という相容れない二つの思想の調和をはかったと説明される。しかし神の問題一つをとっても、アリストテレスが「**不動の動者**」と呼んだ神と、キリスト教の三位一体の創造神とではまったく異なる。あるいはアリストテレスは、宇宙を始まりも終わりもない永遠と捉えていたのに対し、キリスト教神学では創造と終末がある。

果たしてこのような相容れない二つの思想を調和させることができるのか。インタビュー本編で、山内さんは、意外な方向からその「調和」のあり方を説明してくれている。

アクィナスとスコトゥス

このトマス・アクィナスと対比的に論じられるのが**ドゥンス・スコトゥス**（一二六五／六六―一三〇八）だ。

ドゥンス・スコトゥスの重要概念である「**存在の一義性**」や「**このもの性**」は、山内さんが研究人生を賭《と》して追究してきたものである。詳細はインタビュー本編に譲るとして、ここでは問題のアウトラインだけを確認しておこう。

「**存在の一義性**」**とは、たとえば**「**神の存在**」**という場合の**「**存在**」**と、**「**人間の存在**」**という場合の**「**存在**」**は、一つの同じ意味**（一義）**で使用される**ということだ。しかしそうだとしたら、神と被造物は連続的につながっていることになる。これは伝統的なキリスト教神学からは出てこない発想だろう。

もう一つの「**このもの性**」**とは、個物を個物たらしめる原理のこと**をいう。たとえば、山内志朗を、「人間」という共通本性だけで特定することはできない。山内志朗を山内志朗たらしめているのは「山内志朗性」という個体化の原理があるからだとスコトゥスは考えている。

いったいなぜスコトゥスは、「存在の一義性」という議論を展開したのか、「存在の一義性」とはどのような思想なのか。さらに「存在の一義性」と「このもの性」とはどのような関係にあるのか。ここが本章の肝となる部分だ。山内さんの熱血講義に期待してほしい。

唯名論の真相はいかに

本章の締めくくりに登場するのは、「**唯名論**」や「**オッカムの剃刀**《かみそり》」で知られる**ウィリアム・オッカム**（一二八七頃―一三四七）だ。

唯名論という言葉は、中世の**普遍論争**という文脈で、実在論と対《つい》になって用いられてきた。たとえば「人間」という普遍が、個物に先立って実在すると考える立場が実在論であり、普遍は実在ではなく名称にすぎないので、個物の後にあると考えるのが唯名論だというふうに。

山内さんには、この普遍論争の誤解や混乱を丁寧に解きほぐした『普遍論争』（平凡社ライブラリー）という名著がある。関心を持った人はぜひ一読してほしいが、このインタビューではオッカムの唯名論を皮切りに、そこからさらに踏み込んで「唯名論」

の正体が明かされる内容になっている。話を聞きながら、私は思わずのけぞってしまった。読者のみなさんも、唯名論がきわめて政治的な概念であることを知ることになるだろう。

ここでは、オッカムの唯名論や「オッカムの剃刀」のあらましを簡単に説明しておこう。

たとえば「山内志朗は人間である」「斎藤哲也は人間である」という場合、「人間」という普遍的な要素をどう位置づければよいか。

典型的な実在論であれば、「人間」という普遍的な要素は個体に内在していると考える。こういった理解は、形相は個物に内在していると論じたアリストテレスに準じている。それに対してオッカムは、「人間」という普遍的な要素が、山内志朗や斎藤哲也といった個体に内在しているとは考えない。**この世界に実在しているのは個物だけであり、「人間」や「犬」という普遍は、心のなかにある概念や言葉にすぎない、というのがオッカムの唯名論**である。

オッカムは普遍が心の外の個物のうちに実在するという考え方をばっさりと切り落とした。普遍の実在なんて仮定しなくても、「人間」や「犬」といった普遍的な要素は説明できる。必要もないのに、実在を増やしてはならない。ここから、何かを説明する場合、必要以上に多くを仮定すべきでないという指針が「オッカムの剃刀」と呼ばれるようになった。

インタビューの読みどころ

個々の神学者に関する論点はすでに触れているが、このインタビューでは、さまざまな脱線やついでの話を楽しんでほしい。

冒頭で語られる中世という時代の捉え方もユニークだ。アウグスティヌスの話からは、東方正教会の人間像へと寄り道し、聖霊の位置づけにも説明は及ぶ。アンセルムスの「神の存在論的証明」は、「なぞなぞ」とともに解説され、イブン・シーナーとイブン・ルシュドの注解の違いなども、ざっくばらんに語っていただいた。

本筋では、イブン・シーナーの「馬性は馬性である限りにおいて馬性でしかない」という謎めいた一節の解釈から、ドゥンス・スコトゥスの「存在の一義性」へとつなげていく議論は、まさに山内さんの独壇場《どくだんじょう》である。山内さんの『中世哲学入門』（ちくま新書）への入門としても活用できるだろう。

哲学と神学はいかに結びついたか

山内志朗
インタビュー：斎藤哲也

中世の始まりはいつ？

――初学者向けの哲学入門だと、中世哲学はほとんど黙殺されています。単刀直入にうかがいますが、そもそも中世哲学ってどういう哲学なのでしょうか。

山内　まず「**中世とはどういう時代か**」ということから説明しましょう。もともと「中世」は、古代ギリシャ・ローマの繁栄した時代と、文化がふたたび花開いたルネサンス時代に挟まれた「**中間の時代**」という意味でした。そこには、見るべき文化が何もないという意味も込められています。だから名前からして、軽んじられているわけですよね。

哲学という点でも、たとえば倫理の教科書を見ると、アウグスティヌスとトマス・アクィナス、後はオッカムがちょこっと出てくるくらいで、すぐ近世に入ってしまう。ですから、あまり面白そうには見えないし、存在感も薄いですよね。

中世は長い時代で、しかもそこで展開された哲学・思想は登場する人物も多く、中身も複雑ですから、わかりやすい図式がないとすぐに迷子になってしまいます。私からすると、**中世というのは、複数の文化形態のハイブリッド（混成）によって成り立っている時代**と考えたほうがわかりやすいと思うんですよ。

第一のハイブリッドは、**ヘレニズム**と**ヘブライズム**です。ヘレニズム文化の基本概念は「**プシュケー**（**魂**）」です。魂は一つの生き物に一つずつ宿っている。だから個体性を持っています。プラトンの哲学では「魂の不滅」は中心的なテーマですよね。

ヘレニズムに対して、もう一つの文化形態があります。ユダヤ教を経てキリスト教に至るヘブライズムです。ヘブライズムの基礎概念は「**ルーフ**（**霊**）」です。ルーフはアラビア語で、ヘブライ語だと「ルーアハ」と言います。「聖霊」とも訳します。ルーアハはもともと、「気息」や「風」を意味する言葉です。霊は気体のようなものなんですよね。自分が吸った空気が外に出ていき、それを他の人が吸うこともできる。だから聖霊は一つひとつの生命体に宿るんじゃなくて、集団のなかで働く流動的な原理なんですね。

プシュケーとルーアハは一例ですけど、こういうヘレニズムとヘブライズムの対立があり、そのハイブリッドとして中世という時代があるわけです。

ただし中世は、ヘレニズムとヘブライズムのハイブリッドだけでは説明しきれません。もう一つのハイブリッドが、アルプス山脈を挟んだ**南と北のハイブリッド**です。ヨーロッパを見ると、アルプスより南はラテン系の地中海文化で、北はゲルマン系の人々の世界、ドイツ語や英語の世界ですよね。

そういう視点から言うと、**中世の実質的な始まりは、地中海文化がアルプス山脈を越えて広がった時期**に求められます。ラテン語を話す人々がアルプス山脈の北側に移動した、八世紀の終わりから九世紀の初めのことです。これは小さなルネサンスのようなものでした。

——世界史で「カロリング・ルネサンス」と呼ばれる時代ですね。フランク王国のカール大帝（シャルルマーニュ大帝）がいろいろな学者を招いて、古典文化を再興したことで知られています。

山内　そうです。その時期に、アルプスの北側の人々がラテン語を話すようになったんです。五世紀に西ローマ帝国が滅亡して以来、アルプスの南側では、ラテン語をはじめとす

アウグスティヌスです。山内さんはアウグスティヌスの思想をどのように捉えていますか。

山内　アウグスティヌスはパウロと似てるようなところがあって「現場の人」なんですよね。若い頃に遊びまくって、放蕩《ほうとう》の限りを尽くした。『告白』という著作では、その頃の乱れた生活を一人称で記しています。この「**告白 confessio**」も実はキリスト教のキーワードです。

告白とは「聖なるものを示す」ことです。要するに「こんなに罪深い私であっても、神は救ってくれる」というかたちで、神の愛を示す行為が告白なんですね。告白する人間がいかに愚かで惨めでばかげたことをしても、神は赦《ゆる》してくれる。だから告白する内容が酷《ひど》ければ酷いほど、神の愛を強く顕現させることになるわけです。

――なるほど。それでアウグスティヌスは、乱れた生活をあけすけに書いているわけですね。

アウレリウス・アウグスティヌス
（354–430）
サンドロ・ボッティチェッリ作、1480年
オンニサンティ教会

山内　そうなんです。彼は、自分のどうしようもないことを延々と語ることによって、神の栄光を表現するという方法を発明した。『告白』が名著とされるゆえんです。卑《いや》しさこそが崇高さを表せるわけです。私はこれまで五、六回読みましたけど、涙なしには読めません（笑）。

アウグスティヌスは若い頃、ある女性と同棲していてアデオダトゥスという子どもができる。だけど母親の命令で、子どもだけを引き取って、一五年の間、内縁関係にあったその女性とは無理やり別れさせられるんですね。

アウグスティヌスは、善を求めつつも自由を失って善を探すことができない、そのような人間の奴隷状態を強調するんです。人間は生まれながらにして原罪を背負っているんだと。だから生まれて三日以内に幼児洗礼をしなきゃいけない、という教義になるわけですね。

ペラギウスの反論

山内　ところがこの教義に反論が出てくるんです。洗礼はけがれを払い除《の》けるような行為ですが、赤ちゃんはけがれてないし、欲望も持ってない。だったら大人になってキリスト教の信仰を正しく理解した後に洗礼すれば十分じゃないかと。こういう考え方をする人たちは、近世になると「**再洗礼派**」とか「**アナバプテスト派**」と呼ばれるようになります。そしてアウグスティヌスのライバル的存在だった神学者**ペラギウス**（三五四―四二〇頃）もそうでした。

――アウグスティヌスと論争して異端とされてしまった人ですね。

山内　ペラギウスの思想は哲学的で、ストア派の思想と近い。人間はたしかに罪深いかもしれないけど、アダムの罪を遺伝的に受け継いだわけじゃない。人間は自由意志を持っているから、自分で善を探せるんだ、というのがペラギウスの主張です。

――筋が通っているように聞こえます。

山内　合理的ですよね。ペラギウスからすると、アウグスティヌスは人間をあまりに低く見積もり、罪深いものと捉えているわけです。

カトリックと東方正教会の人間観

山内　ちょっと寄り道すると、一一世紀にローマ・カトリックから分離した東方正教会の人間観もまた違うんですね。アウグスティヌス的な原罪の捉え方に異を唱える点ではペラギウスと一緒ですけど、東方正教会では、人間は神からもらった栄光を失っていないと考えます。

アウグスティヌスを重視するのがカトリックですが、その立場では「私が悪うございました、心を入れ替えます」という告白が重要になります。でも東方正教会では、人間は本来、神の栄光を持っているので、その光を大きくして神に近づきましょうという思想になるんですね。それを「**神化**（**テオーシス**）」と言います。

――西と東で人間観がまったく違うんですね。

山内　完全に違うんですよ。

東方正教会は、『新約聖書』にある「タボル山での変容」というエピソードをとても大事にしています。聖書には山の名前は出てきませんが、正教会ではタボル山と伝わっているんです。イエスと弟子がこの山に登ったとき、「イエスの姿が彼らの目の前で変わり、顔は太陽のように輝き、服は光のように白くなった」（「マタイによる福音書」一七章一節、新共同訳）。さらにその後には、光り輝く雲が弟子たちを包んだという記述があるんですよ。東方正教会はここを重視して、人間である弟子たちも、イエスの光を受けて輝いたと解釈します。

――人間も神に近づけるというふうに捉えるわけですね。

山内 そうです。ただ、ここでまたアウグスティヌスに戻ると、彼が人間の罪深さを強調したのは、人間がどうしようもない生き物だと言いたいからじゃないんですね。どうしようもない生き物だけど、人間はそのことを理解して、自己意識を変化させることができる。だからこそ神に救済されるんだというロジックです。

このことを理解するうえで、時代はちょっと飛びますが、中世末期を扱ったホイジンガ（一八七二―一九四五）の『中世の秋』が参考になります。この本ではジャン・ジェルソン（一三六三―一四二九）という神学者が大きく取り上げられています。このジャン・ジェルソンはパリ大学総長を務め、教会大分裂を終わらせた大神学者ですが、アウグスティヌスからとても強い影響を受け、彼は人間の情念や欲望を高く評価しているんですね。

ジェルソンに言わせると、犬や猫など、動物の欲望はけがれていないけれど、人間の欲望はけがれているといいます。でもけがれているから、改悛《かいしゅん》の余地がある。良きものに変えることができると言うんです。

一方で動物は、神から与えられた自然本性をそのまま生きているから、欲望のあり方も変えようがないわけです。そうすると、神は動物を救済する必要がないんですね。罪を持っていることが、人間が救済されるための条件になるわけです。こういう考え方の根っこにあるのが、アウグスティヌス的な人間観なんですね。

三位一体と人間の心

――そういう人間観と、アウグスティヌスの三位一体論はどういう関係にあるんでしょうか。

山内　アウグスティヌスの三位一体論は「**心理学的な三位一体**」と評されます。大前提としてアウグスティヌスは、「父と子と聖霊が同格とか、イエスが一〇〇%神で一〇〇%人間とか、わかりっこない」という立場なんですよね。哲学のような理屈で理解できるはずないと。

――そうですよねぇ（笑）。

山内　でも、わからないままで済ますわけにはいかないので、自分の心のなかを振り返ろうと考えます。そうすると人間の心のなかには、記憶・知性・意志の三つがある。彼はこの三つを三位一体に対応させる。記憶が父、知性が子（イエス）、意志が聖霊です。

こうすれば、人間の心を見つめることで、神様の三位一体もそういうふうなものかなって少しは近づけるじゃないですか。もちろん、それで完全にわかったと思ってはいけないと、アウグスティヌスは聖書の一節を何度も繰り返し引用して言います。

わたしたちは、今は、鏡におぼろに映ったものを見ている。だがそのときには、顔と顔とを合わせて見ることになる。

――「コリントの信徒への手紙一」一三章一二節、『新約聖書』新共同訳

「そのとき」というのは、神が天上において人間の魂に姿を現すときのことです。でも俗世にいる私たちには、自分という鏡におぼろげに映る神しか見えません。要するに、自分の心のなかに神様がうっすらといる感じです。これを三位一体を理解する手掛かりにしてみましょう、というわけです。

アウグスティヌスの『三位一体論』という著作を読むと、そのことがよくわかります。この作品は全一五巻からなっていて、第一巻は「三位一体わかる?」「わからん!」といった理解を絶したところから始まる。第八巻まで来て神学的な高みから降りてきて、人間的領域に入り込み、ようやく「心のなかをみなさん見てみましょう」となるんです。

――中盤でようやく内面を見つめるんですね。

山内 そう。第八巻で鏡を見て、なんとなくわかったという安心感があると、その先の高みに至る登り道に進む気力が湧いてきます。ただ最後の第一五巻くらいになると、そうとうな険路なんですけどね（笑）。

こういう認識のあり方もギリシア哲学と対照的です。アリストテレスの哲学だと、遠くの世界まではっきり見えているんですよ。でもアウグスティヌス的な世界は靄《もや》がかかっていて、ぼんやりとしか見えない。だから「あっちに行くと宝物があるだろう」というふうに自分の意志でどんどん進んでいけないんですね。心のなかを見つめ、神を愛し信じないといけないわけです。

聖霊はなぜ重要な存在なのか

——せっかく三位一体の話が出たのでお聞きします。アウグスティヌスがわからないと言うくらいですから、父と子が一体だということを理屈で理解することはできないのでしょうけど、それ以上に不思議なのは聖霊です。そもそも聖霊って何でしょうか。

山内 聖霊はほんとうにさまざまに働き、たとえばそれがマリアに宿ることによってイエスを受胎したとか、炎の形をした舌のようなものが使徒たち一人ひとりの頭上に止《とど》まると、みんなが聖霊に満たされて、いろいろな国の言語で話せるようになったとか、そういうふうに聖書のなかに出てきますよね。

こうした例からもわかるように、聖霊というのは基本的にはメディアなんですよ。父と子を結びつける、神と人間を結びつける、人間同士を結びつけて一つの教会をつくる——、だから聖霊は愛である、というわけです。そうは言っても、父と子にくらべると、聖霊は少しランクが落ちるんじゃないかという気が直感的にはしますよね。

——その感じはよくわかります。

山内　ではなぜ聖霊に父・子と同じ重要性を持たせようとしたのかというと、背景には**経《けい》綸《りん》的な**三**位一体**という理解があります。英語では「エコノミック・トリニティ economic trinity」と言いますが、エコノミーの語源はギリシア語の「オイコノミア」ですよね。オイコノモスは、家を意味する「オイコス」と、法を意味する「ノモス」とを合成した言葉で、アリストテレスの学問では「家政学」という意味でした。

このオイコノミアをキリスト教のなかではじめて使ったのがパウロです。キリスト教では、オイコノミアは「**神の世界経営**」という意味になります。パウロは、ふつうだったら救われないはずの罪深い人間を「救済」するという働きを、オイコノミアのなかに組み込んでいくんですね。

　では、これを時代に即して見るとどうなるでしょうか。『旧約聖書』の時代というのは、父なる神が人間と契約して、世界を経営する時代です。でもユダヤの民は、しょっちゅう契約を破って罪を犯すんですね。罪を犯すということは、神に対する負債を背負うことでもありますから、『旧約』の時代であれば、たとえば犠牲の羊を捧《ささ》げて償うことで赦してもらうわけです。

　この「父の時代」の後に続くのが「子の時代」です。すなわちイエスが神の子としてこの世界に派遣される。でもイエスは十字架にかけられてしまうわけですよね。ここでイエスは、人間すべての罪を背負って犠牲になったと考えます。ですからイエスの十字架刑は、いわばすべての人間が背負っている原罪の負い目をなくす儀式なんですよ。しかもなくすだけじゃなく、人間を天国にまで導くのですから大盤振る舞いです。

　でもイエスがいなくなった後はどうなるのか。イエスが十字架にかかったときに、リアルタイムで贖《あがな》ってもらった人はいいけど、その後に生まれてくる人々のことが問題になるんですね。そこで聖霊の出番です。

　イエスが天に昇ってしまった後、イエスの約束はほんとうに果たされるんだろうか、自分たちはどうなるのかという不安を、人々は当然持ちます。そこでペテロは「私が代わりに天国に行く鍵を預かりましたので、私の言うことを聞いてください」と言って、聖餐《せいさん》の儀式をするようになる。その鍵は教皇に引き継がれてゆく。

イエスは最後の晩餐で、パンとぶどう酒を弟子たちに与えて、パンは自分の体であり、ぶどう酒は新しい契約だと語っています。ということは、信徒にパンとぶどう酒を分ける聖餐式は、イエス・キリストと一体化する儀式であり、この儀式によって人々に救済がもたらされることになります。その媒介役が教会であり、教会に生命を与えているのが聖霊というわけなんです。

——イエスがいなくなった後、聖霊がいわば救済の任を負うんですね。その聖霊の力があってこその教会だと。

山内　そうです。父、子、聖霊は、みんな同じように人々を救おうとするから、同格でないといけないんですね。そして、教会はキリストの神秘的な身体です。手や足のことをラテン語では「メンブルム membrum」といいますが、これが英語の「メンバー member」になっていきます。ですから教会の誰か一人が苦しんでいるとすると、教会全体が痛みを感じる。こういう論理がケアの倫理にもつながっていくんじゃないかと私は考えています。

神への探求の出発点

最初のスコラ哲学者ボエティウス

――アウグスティヌスは古代末期の教父ですが、その後の時代に「最後のローマ人にして最初のスコラ哲学者」と言われるボエティウスが登場します。ボエティウスはなぜ「最初のスコラ哲学者」と評されるんでしょうか。

山内　ボエティウスは、アリストテレスのことをよく知っていて、著作を全部ラテン語に訳そうとしたんですよ。途中までしかできなかったけれど。

しかも、彼はクリスチャンでした。だからキリストにおいて、神と人間という二つの本性がどのようなかたちで結びつくかということを哲学的に考えようとしたんですね。要するに、アリストテレスの論理を理解しつつ、それを合理的にキリスト教と結びつける道を探っていった。それが「最初のスコラ哲学者」と呼ばれるゆえんです。

ただ残念ながら、彼は東ゴート王国の大臣になったのち、謀反《むほん》の嫌疑をかけられて監獄に閉じ込められ、最後は死刑になってしまいます。いつ殺されるかわからない監獄のなかで書いたものが、岩波文庫にも収められている『哲学の慰め』です。

この作品は、ボエティウスと「哲学の女神」が対話する形式で書かれています。哲学の女神はさまざまな哲学的テーマについて対話することで、ボエティウスを慰めようとするわけです。

その最後に出てくるのが「永遠性とは何か」というテーマです。このテーマが、のちのちまでキリスト教神学の大きな問題になっていくんですね。

ここで言う永遠性とは、いつまでも生き続けることや終わりなき無限に長い時間ということではなく、神が過去から未来までのあらゆる物事をいっぺんに把握しているということです。ボエティウスはこういう永遠を「**無限の生命の全体的、同時的な完全な所有**」と定義しています。

私たちの感覚だと、時間は自分たちの横をただ流れていくように感じられますよね。しかし、神はその流れのすべてを現在において俯瞰《ふかん》することができる。ボエティウスはそう考えるわけです。だとすると、神は誰が天国に行き、誰が地獄に行くかもお見通しということになりますよね。

それゆえ近世になって問題が出てくるんです。だったらなぜ神は世界を創造したのか、人間は神の摂理に貢献できるのかと。こういう問いに対して、イエズス会士のモリナ（一五三五―一六〇〇）は、神は全知全能だが、人間が神の営みに関わらないと、世界は完成しないという主張を展開し、これを「**中間知**」という枠組みで説明しました。

実はイエズス会のモリナ的な世界観は、一七世紀になるとプロテスタントの世界で受け継がれていくんですが、こういう具合に、ボエティウスの論じたキリスト教に関する哲学的問題は、時を経て再燃していくわけです。

――中世哲学でもボエティウスは参照されているんですか。

山内　後で話題になる普遍論争の話とも関わってきますが、ボエティウスはアリストテレスの『カテゴリー論』やその手引書である**ポルフュリオス**（二三四頃―三〇五頃）の『エイサゴーゲー』をラテン語に訳しているんです。「エイサゴーゲー」は、ギリシア語で「手引き」を意味する言葉ですから、文字通り日本語に訳せば「手引書」ですね。

このラテン語に訳された『エイサゴーゲー』は、先に述べたような中世ヨーロッパの大学で使われる教科書の定番になっていきました。それ以外にも『三位一体論』や『キリストのペルソナと二つの本性（エウテュケスとネストリウス駁論《ばくろん》）』など、神学関係の著作は中世哲学の典拠とされましたから、とても重要ですね。

「神の存在証明」とは

――ここから、いよいよ山内さんの言う「中世」の哲学に入ります。まず、神の存在証明で有名なアンセルムスについてうかがいます。素朴な疑問なんですが、アンセルムスはキリスト教徒なのに、どうして神の存在を証明する必要があるんでしょうか。

山内　アンセルムスは修道院に入って、大司教にまでなった人ですが、そういう人物が神様の存在証明をすることじたい、何か冒瀆《ぼうとく》的な感じがしますよね。そもそも神の存在を証明できるのかとも思うでしょう。

少しずつ解きほぐしていきましょう。『旧約聖書』の「出エジプト記」のなかに、モーセが神にその名を尋ねる場面があります。それに対する神の答えは「わたしはある。わたしはあるという者だ」（「出エジプト記」三章一四節、新共同訳）です。

アンセルムス（1033–1109）
作者不詳、16世紀後半
©National Portrait Gallery, London

神の名前を「神とは何か」という本質だとすると、「神とは何か」と問われた神が「あるという者である」と答えているわけです。英語で言えば、What is God? に対して、God is what is. と答えている。「あるという者である」というのは「存在」のことですね。つまり神は、本質を尋ねられて、存在であると答えていることになるんです。

これだけじゃ、よくわからないですよね。ふつう「机とは何か」と本質について尋ねたら、「物を置くものである」といった答えになります。本質と存在が同じであるなんていうことはきわめて特殊であって、この現実世界にはないんですよ。

――ますます神の存在証明が何をすることなのか、わからなくなってきました。

山内 まず、アンセルムスが『プロスロギオン』で行っている証明を見てみましょう。彼は神とは「それよりも大きなものが考えられないもの」であるという前提から出発します。ちなみに、その前にもう一つ、「実際に存在しないものより実際に存在するもののほうが大きい」という前提もあります。

――たとえば想像上だけの犬より、実際の犬のほうが何らか大きいと考えるわけですね。

山内 そうです。そうすると、実際に存在しない「それよりも大きなものが考えられないもの」は矛盾していますよね。だって、実際に存在しない「それよりも大きなものが考えられないもの」より、実際に存在する「それよりも大きなものが考えられないもの」のほうが大きいんだから。

だとすると、神は「それよりも大きなものが考えられないもの」だから、実際に存在するということになります。

――なるほど。存在しないものよりも存在するもののほうが大きく、さらに神はいちばん大きい。だから神は存在すると。狐につままれたような感じはしますが、筋は通っている気がします。

山内　問題は、アンセルムスのこの証明は何をしているのかということです。この問題を解きほぐしたのが、ウィトゲンシュタイン研究で知られるコーラ・ダイアモンド（一九三七―）という哲学者です。

ダイアモンドは、アンセルムスが行った神の存在証明を「謎」と言っているんですよ。ここで言う謎とは、なぞなぞに近いものです。たとえば「上は工場、下はブランコ、これはなあに？」というなぞなぞの答えは「振り子時計」です。

こうしたなぞなぞは、「一一八五年に鎌倉幕府を開いたのは誰か」という問いとは構造が違います。「一一八五年に鎌倉幕府を開いたのは誰か」という問いなら、「一一八五年に鎌倉幕府を開いたのは源頼朝である」という答えが、確固とした根拠を持った命題として成立するわけです。

それに対して「上は工場、下はブランコ、これはなあに？」は、振り子時計が何なのかがわからない子どもに向かって、教育として示されているんですね。だから「振り子時計」という答えが出て完結するのではなくて、その答えが新しい知識を探求するための出発点になっている。

——「上は工場で、下はブランコってどういうこと？」とさらに知りたくなるわけですね。

山内　そうなんです。そしてダイアモンドが言っているのは、神の存在証明も、このなぞなぞと同じ構造を持っているということです。つまり「神は、それより大きいものが考えられないものである」というのは、「振り子時計は、上は工場で、下はブランコである」と同じように、探求の出発点なんですね。

先ほどのように「神は何か」「あるという者である」と済ませてしまうと、そこで行き止まりになってしまいます。それに対して**アンセルムスは、神の存在を証明することで、神への探求の糸口をつくろうとしている**わけです。

――そのためにキリスト教的な文脈や知識を使っていないのも意外でした。

山内　論理構造が現代的でわかりやすいですよね。しかもアリストテレスの著作がアラビアを経由してヨーロッパへ入ってくる前ですから、アンセルムスはほんとうに手作りで議論を組み立てていったんです。

彼の議論は修道院のごく少数の人々に対して語られたもので、学校で広く教示されたものではありません。ただ、彼が示した平明で説得力のある議論の仕方は、一三世紀の教育で採用された討論モデルにつながっていくところがあります。

神への探求の出発点になったことに加え、討論的な議論のあり方を先駆的に示した点からしても、アンセルムスが「スコラ哲学の父」と位置づけられるのはもっともな気がします。

『神学大全』への誤解

アラビアからアリストテレスがやってきた

――アンセルムスが亡くなったのは一二世紀初頭で、その後、世紀の中頃からアリストテレスの著作が、アラビアからヨーロッパに入ってきます。

山内　まず、ギリシア哲学とイスラームとの出会いについて簡単に触れておきましょう。ギリシアの哲学は九世紀以降、シリアを経由して、アッバース朝の首都バグダードにある「知恵の館」でアラビア語に訳されていくんですが、訳者たちはとても苦労するんですね。

たとえば「ウーシア（実体）」や「エイナイ（存在）」など、アリストテレスが用いた存在に関する概念に対応する言葉がアラビア語にはないんです。だからアリストテレスの著作をアラビア語に翻訳する場合、単に言葉を置き換えるだけではなく、注解を細かくつける必要がありました。

アラビア語に訳されたギリシア哲学の著作は、その後、一二世紀にトレドやシチリアでラテン語に翻訳され、ヨーロッパに入っていきます。そのときに、アラビア語での注解も一緒に翻訳されたので、ヨーロッパではその注解とともに、アリストテレスの哲学を読むことができたんですね。

こういう注解という点で、大変な功績を残したのが、コルドバの出身で、イスラーム教徒の哲学者イブン・ルシュドです。ヨーロッパではアヴェロエスと呼ばれます。アヴェロエスはアリストテレスのテキストを一字一句丁寧に注解していたので、ヨーロッパでも大変重宝されたんです。その影響力は圧倒的で、一三世紀以降、哲学者と言えばアリストテレスを指し、注解者と言えばアヴェロエスのことを指しました。

イブン・ルシュド(1126–1198)
アンドレア・ボナイウート作、14世紀
サンタ・マリア・ノヴェッラ教会(壁画)

――アヴェロエスはアラビア語で注解したんですよね。

山内 そうです。それがそのままラテン語に訳されて、ヨーロッパで読まれていくわけです。

――アヴェロエスより約一五〇年前に活躍したイブン・シーナー――ヨーロッパ読みではアヴィセンナ――は、注解書を書いていないんですか。

山内 アヴィセンナも書いてるんですが、受容のされ方は少し違うんですね。アヴェロエスの注解書がラテン語に訳されヨーロッパに入っていくのは一三世紀ですが、アヴィセンナの注解書は一二世紀に翻訳が始まっていますから、アヴェロエスより一足早く、ヨーロッパに入るんですね。

そのなかでもアリストテレスの『霊魂論』の注解は、抜群に読まれました。他にも彼はアリストテレスの主張著作に関する注解を数多く書いていて、それらは『治癒の書』という著作にほとんど入っています。

『治癒の書』は論理学、自然学、数学、形而上学などを網羅した哲学全書的な本なので、純粋なアリストテレスの注解書ではありません。でも、アリストテレスの注解的内容が含まれているんですね。

その内容を見ると、アヴェロエスのように一字一句丁寧に注釈をつけるのではなくて、アリストテレス早わかり的な書き方なんですよ。彼には、一〇代のときにアリストテレスの『形而上学』を読んだものの、さっぱりわからなくて四〇回読み直したというエピソードがあります。四〇回読んで丸暗記したけれど、それでも理解できない。それでファラービーという哲学者が書いた『形而上学の目的について』を購入して読んだところ、たちどころに理解できたと自伝に記されています。それから後は、もう頭に入っているので、一生アリストテレスの本を紐解《ひもと》かなくてよくなったそうです。

――天才ですね。

山内　完全に頭に入っているので、一字一句注解することもできたかもしれないけれど、自分なりにまとめて端折《はしょ》って語ることもできた。だから『治癒の書』の形而上学パートは、アリストテレスの『形而上学』を早わかりする場合にもとても便利なんですね。

初学者にやさしい『神学大全』

――アヴィセンナが中世哲学に与えた影響はのちほどお聞きしますが、一二世紀後半以降、アリストテレスの著作がヨーロッパに入ってきて、一三世紀になると大学でアリストテレスが必修科目のようになったわけですよね。大学ではどういうふうに哲学を教わるんですか。

山内　中世哲学は、「スコラ哲学」とか「中世スコラ哲学」と言われますね。この名前は誤解を招きやすいんです。スコラとはもともと教会付属の学校のことですが、スコラ哲学の本丸は大学で展開されたものだからです。

じゃあ大学で行われていたスコラ哲学って何なのか。まずはアリストテレスを読めるよ

中世のボローニャ大学で講義が行われている様子
ラウレンティス・デ・ヴォルトリーナ作
14世紀後半、ベルリン美術館

うにならないと始まりませんから、テキストや注解書を何度も読む。ここからが面白いんですが、次の段階では、ある問題に対して、さまざまな異論を挙げて、その後に自分の見解を出して、最後にそれぞれ論駁《ろんばく》していくんです。

たとえば「神は物体か」といった問題を立てますね。次にそれに対して、自分が批判しようとしている立場の説、この場合なら「神は物体である」という論をたくさん出す。それから「反対異論」といって異論と対立するような説、この場合は「神は物体ではない」という論を一つだけ示すんです。「反対異論」はそっけないんですよ。

そうしてやっと自分の主張を説明する。これを「主文」と言います。最後に「異論論駁」というパートがあり、最初に出した異論がなぜ間違っているかを説明してやっつけるんですね（笑）。ここが中世哲学のいちばんの花形です。

大学での討論スタイル

① **問題の提示**：「〜は〜であるか」（例：神は物体か）

↓

② **複数の異論**（批判しようとする説）**を提示**

↓

③ **反対異論**（自分の見解に近い説）**を一つ提示** ＋ **主文**（自分の見解）

↓

④ **異論論駁**：②の異論が間違っていることを説明

この点に関連して、トマス・アクィナスの『神学大全』の説明もしましょう。というのも『神学大全』はすべて、いま説明したような討論の形式に則《のっと》って書かれているからです。

『神学大全』と言うと、スコラ哲学の頂点に屹《きっ》立《りっ》する難解な著作のように思う人もいるかもしれませんが、それは大きな誤解です。むしろ『**神学大全**』**は初学者向けの親切な本**なんですよ。

――そうなんですか！　それは意外です。

山内　どういうことかと言うと、異論というのは出そうと思えばいくらでも出せるものなんです。でも初学者がたくさんの異論を覚えるのは大変ですよね。そこで『神学大全』では、初学者でも学びやすいように、代表的な異論を三つくらいに絞っている。その意味で初学者にフレンドリーな本なんです。

さらに主文や異論論駁はアリストテレスの哲学にもとづいてやっていく。『神学大全』はそういうモデルをつくった著作と言ってもいいでしょう。

トマス・アクィナスはよく神学と哲学を総合したと説明されますよね。でも、キリスト教とアリストテレスが簡単に融合できるはずはありません。ここで言う「総合」はカリキュラム的な側面なんです。すなわち、覚えるべき神学上の異論をデータベース的に整理して、それを論駁するスキルとしてアリストテレスを使う。トマス・アクィナスが圧倒的にすごいのは、そういう**学問の標準モデルをつくったところにある**んです。

「存在の一義性」への入り口

アヴィセンナからドゥンス・スコトゥスへ

——山内さんはこれまでの著書で、たびたびアヴィセンナの議論に触れています。アヴィセンナの議論は、中世スコラ哲学にどのような影響を与えたのでしょうか。

山内　私はある時期に、アヴィセンナを知らずして一三世紀のスコラ哲学を見通すことはできないと悟ったんです。その論点は先ほど、アンセルムスを説明する際に触れた、「**存在と本質**」**という問題**に関わっています。

まず、アヴィセンナには「馬性は馬性である限りにおいて馬性でしかない」という謎めいたテーゼがあります。「馬性」とは馬の本質のことです。

馬の本質はどこにあるのかと考えた場合、個々の馬のなかにあるとも言えるし、「馬」という概念として人間の精神の内にあるとも言えますよね。しかしアヴィセンナは、馬の本質はそのどちらにもなく中立的なものだと言います。馬の本質は、個々の馬や人間の精神のなかにあるより先に、そのどちらにもなりえるものとしてある。だから中立なんだと。

ここで問題になったのが、本質と存在の関係です。じゃあ中立的な馬性は、存在とどういう関係にあるのか。アヴィセンナの議論は、トマス・アクィナスをはじめ、多くの人に「本質が先にあり、そこに後から存在が付け加わる」という主張だと誤解されました。というのも、アヴィセンナは、**存在は本質の偶有性である**と語っているからです。

一般的に偶有性というのは、実体を形作っている要素ではあるけれど、本質ではない性質のことを言います。たとえば中世哲学では、アリストテレスを踏襲して、人間という実体の本質は「理性的動物」とされます。だから「色が白い」とか「歩く」といったことは、人間にとっては偶有性なんですね。

――偶有性については、アリストテレスが『形而上学』のなかで論じていることですね。日本語では「付帯性」とも訳されています。

山内　こういった偶有性が、本質に先立つことはありません。人間ならば、まず「理性的動物」という本質があって、そこに「色が白い」とか「背が高い」といった偶有性が付け加わるわけです。

そうすると、存在が偶有性なら、存在は本質の後に付け加わるものになってしまいますよね。でも、それはいったいどういうことなのか。事物のなかだろうが、人間の知性のなかだろうが、本質は現に存在しているから本質なのであって、存在に先立って本質があるなんてよくわからないでしょう？　だからトマス・アクィナスは、次のように批判するんです。

事物の存在は、確かに本質とは異なっているとしても、偶有性の仕方で付加されたもの と考えられるべきではない。存在はむしろ本質の原理によって構成されているようなものである。

――『形而上学講義』第四巻第二講義、山内志朗訳

でもこれはトマスの誤解であって、アヴィセンナは「本質は存在に先行する」ということを言っているわけじゃないんですね。これは「偶有性」をどのように解釈するかに関わる問題で、きわめて議論が錯綜《さくそう》しているので、詳しくは私の『中世哲学入門』を読んでほしいんですが、結論だけを言えば、ここで言う存在の偶有性とは、通常の偶有性とは違っていて、本質には含まれていないが、本質に不可分なかたちで常に随伴する性質のことです。そしてその真意はどこにあるかというと、トマスの理解とは逆に、**存在が本質に先行する**ことだと私は理解しています。

存在が本質に先行するということは、本質が言語によって分節化される以前の状態のあり方と言ってもいいでしょう。少し先回りしてしまいますが、中世哲学ではこれを「**純粋本質**」や「**本質存在**」と呼びます。これこそが「馬性は馬性である限りにおいて馬性でし

ドゥンス・スコトゥス
（1265/6–1308）
ヨース・ファン・ワッセンホフ作
15世紀、国立マルケ美術館（ドゥカーレ宮殿）

かない」というテーゼの意味だったのです。

こういう本質に関する中立的な考え方（中立説）を継承したのが、フランシスコ会の修道士だったドゥンス・スコトゥスの「**存在の一義性**」という概念です。

「一義性」と「類比」

山内 「存在の一義性」という言葉をいきなり聞いても、何のことやらだと思うので、いちばん表面的なところから話します。教科書的には、スコトゥスの「存在の一義性」は、トマス・アクィナスの「**存在の類比**《アナロギア》」と対比的に語られるんですね。

アナロギアのほうから説明しましょう。トマスによると、人間の知性では神の本質を見ることはできないと言います。神によってつくられた世界、つまり被造物の世界は有限ですよね。それに対して神は無限の存在です。

だからトマスは、人間の知性は、有限の世界をまたぎ越して無限の世界に移ることはできないと考える。そうすると、「神は存在する」と「人間は存在する」は、同じように「存在」という言葉を使っているけれど、中身は全然違うことになります。

ただし、神の本質を認識する道が人間の知性に閉ざされているわけではありません。神の恩寵によって、知性に特別な認識の力が与えられれば、ほのかに認識することはできるとトマスは言います。

こういう文脈で出てくるのがアナロギアです。アナロギアはアナロジー、つまり類比です。たとえば、ラテン語でsanusという形容詞には「健康的」という意味があります。「ソクラテスは健康的だ」「食べ物は健康的だ」「顔色は健康的だ」というふうに使われますが、「健康的（sanus）」はそれぞれ同じ意味で使われているわけではありませんね。

これらはそれぞれ「健康という性質がソクラテスに内在している」「ソクラテスの健康の原因となる」「ソクラテスの健康の徴《しるし》となっている」という具合に、異なった意味で使われています。ただ、どれもソクラテスという実体に紐づいている点では共通していますよね。

少し難しい言い方になりますが、このように三つの「健康的」は、それぞれ意味は違うけれど、ソクラテスという一つの実体に帰属する点で共通している。これを「**帰属のアナロギア**」と言います。

アナロギアじたいはアリストテレスが説明していることですけど、トマスはそれを使って神と被造物の関係を考えていくんです。被造物は神という実体に帰属していますよね。だから「神は存在する」と「人間は存在する」では存在の中身は違うけれど、アナロギアの関係にある。これが「存在の類比」ということです。
——神と人間では「存在する」の意味は違うものの、なんらか類似しているところがある。だから人間の知性が、神の本質を完全に認識することはできなくても、神の恩寵があれば、うっすらとわかるということですね。

山内　この「存在の類比」に対して、スコトゥスの「存在の一義性」とはどういうことか。「一義」とは一つの意味ということですよね。だから「人間は存在する」と「神は存在する」の「存在」は同じ意味だということです。

これがアヴィセンナの中立説とどうつながるのかというと、乱暴に言えば、ここで言う「存在」はアヴィセンナの際に触れた「純粋本質」や「本質存在」の延長上で考えられているものなんですよ。

存在のアナロギアだと、有限存在から無限存在へと飛んでいくためには神の恩寵や神の照明が必要になるんですけど、スコトゥスはいらないと言ったわけですね。なぜなら無限存在と有限存在になる手前の、中立的な本質存在を認識することはできるから。

この中立的な本質存在が、無限存在と有限存在のどちらにも浸透しているのだから、存在は一義であると。ここからスコトゥスは、無限存在、すなわち神を自然的に認識できることを主張するんです。

トマス・アクィナスとくらべるなら、トマスは、人間の知性では神を自然的に認識できないけれど、神の恩寵や啓示があれば可能だと考えます。それに対してスコトゥスは、**存在の一義性にもとづいて、神は自然的に認識できる**と言うわけです。

これが「存在の一義性」の入り口ですね。

海と神

――いまので入り口なんですね……。


山内　いまの話は「存在の一義性」の認識論的な側面についての説明で、ここから存在論的な側面の話に入ります。

スコトゥスはアヴィセンナの議論を活用して、神は自然的に認識できると主張した。ここまではいいですね。ただ、ここで言う神は、あくまで哲学的な神なんですね。キリスト教固有の神とイコールではないわけです。

このキリスト教固有の神の本質を、スコトゥスは「**個体本質**」と言います。英語では this essence です。this（これ）という指示語が、本質を「個別的な本質」に限定しているわけです。

ここで、「神とは何か」という話を思い出してください。神は「あるという者」ですから、神においては本質と存在は同じです。ですからスコトゥスの言う神の個体本質とは、「あるという者」、つまり存在そのものなんです。

では、存在そのものとは何なのか。結論だけを言えば、「**無限なる実体の海**」だとスコトゥスは言います。これには元ネタがあって、七〜八世紀のギリシア教父ヨハネス・ダマスケヌスが「実体の無限なる海」という言葉を少しだけ変えて使っているんですね。スコトゥスは『オルディナチオ』という著作で、「すべてのものは海に流れ込み、そして、それらが生み出でしところに還っていくのである」というダマスケヌスの言葉を引用しています。

要するに、**神が存在そのものであるとは、神が海であるということ**です。海から水蒸気がのぼり、それが雨になって山に降る。それが川になって海に戻っていく。それと同じように、神はすべてのものの起源であると同時にそこへと戻っていく場所である。だから被造物もそこに含まれているんですね。

キリスト教の神には、「祖国」という意味もあります。人間はもともと祖国にいたけれど

溶け込んでいて、すべてを一体的に含んでいる状態だ」とスコトゥスは言います。これを「このもの性」で考えるとどうなるかというと、「私」が身長一七〇センチで体重が何キロとか、お尻にホクロがあるとか、そういう一つひとつの性質でなくて、「私」のすべてをひとまとまりにして現れている姿なんですね。

――人間の知性は「このもの性」を認識できるんですか。

山内　たとえばトマス・アクィナスだと、知性は個体を直接認識することはできないんですね。それはアリストテレスの認識論を踏襲したものです。

アリストテレスの『魂について』では、およそ次のように認識のしくみを説明します。まず人間の感覚は、事物から表象像を受け取ります。そしてこの表象像が抽象化されて、知性は事物の形相を認識するわけです。

形相とは普遍に関わることですから、結局、知性が認識する対象は普遍であって個体ではありません。個体は感覚の対象なんです。

このようなアリストテレス主義的な認識論に対して、アウグスティヌス主義的な認識論の系譜があります。そのポイントは、知性は直接的に個体を享受するということにあります。友達と顔を合わせて「こんにちは」と言うとき、頭のなかのデータベースによって、

「この人は誰だっけ」とか検索しませんよね。顔を合わせれば、誰かは直観的にわかります。

アウグスティヌスの認識論で重要になるのは、「**享受**」と「**使用**」という概念です。次の引用を見てください。

> 享受とは或る〈もの〉にそれ自体のために愛をもってよりすがることである。ところが使用とは、役立つものを、愛するものを獲得することに用いることである。
>
> ——アウグスティヌス『キリスト教の教え』第一巻第四章、山内志朗訳

使用とは事物を道具として認識し理解することです。それに対して**享受とは、個体を何かの手段ではなくそれじたいとして、愛をもって直観すること**を言います。

スコトゥスが所属していたフランシスコ会という修道院では、アウグスティヌスの享受という伝統が重視され、享受の対象として、個体ということが重視されていました。スコトゥスは、人間には「このもの性」を認識することは不可能と言ったこともあるんですが、私の解釈では、スコトゥスは「このもの性」を、直観あるいは享受の対象と捉えていたん

じゃないかと思います。

唯名論とは何だったのか

——スコトゥスの後、一四世紀に入ると「唯名論」で有名なウィリアム・オッカムが登場します。

山内　唯名論という言葉も、「**普遍論争**」とあいまって誤解にまみれて受け取られてきました。

普遍論争は、通俗的には三世紀の哲学者ポルフュリオスが、『エイサゴーゲー』という著作のなかで、「人間」とか「机」といった普遍は、個物のなかにあるのか、心のなかにあるのかといった問いを立てたけれど、難しいから答えは出さないと記したため、中世になってこの問題が論じられたというふうに説明されます。そして普遍は実在するというのが「**実在論**」で、普遍は名前だけでしかないと考えるのが「**唯名論**」だと整理されてきたわけです。

でも、こういう建て付けで語られるのは一五世紀末になってからのことにすぎません。そしてそれは極度に単純化されてしまった粗雑な整理なんです。

オッカムとの関連で一三世紀以降に絞って話しますが、一三世紀の普遍論は、普遍が事物として実在するのか、名称なのかといった問題が中心ではありません。そもそも唯名論とされるオッカムだって、普遍は名称であるなんて書いてません。彼は「普遍は概念である」と言っているにすぎないんですよ。

オッカム以前は、アリストテレスに則って、事物の側に普遍の根拠を置いていたんです。たとえば、ここにいる山内志朗には、「動物」や「人間」という普遍が成立している。この場合、斎藤さんは山内志朗という表象像から、「動物」や「人間」という普遍を認識することになります。

でも唯名論は、実体の側にそういった普遍があることを否定して、個物と概念だけを前提にして認識を説明するわけです。たとえばオッカムからすると、〈普遍＋「このもの性」〉で個体が成立するという個体化の原理はまどろっこしい。個体だけでいいじゃないかということになります。事物の認識においても、トマス・アクィナスのように、感覚的な表象像から抽象して普遍を認識するのではなく、余計な媒介は取っ払って、直観的な認識を認めればいいと考えるんです。

――唯名論は中世哲学のなかでどのように位置づけられるのでしょうか。

山内　いくつかの点に分けて話しますが、オッカムの神学的な議論は異端の嫌疑をかけられたこともあって、彼は反教皇の立場に立つんです。これが一つ目。
　二つ目は、実在論と唯名論には、大学における学部同士の対立という意味合いがありました。唯名論的な議論は学芸学部で習うのに対して、実在論は神学部で習うことなんですよ。つまり普遍という問題を、唯名論的に論理学を使って分析するのか、古い方法で神学的問題を扱うかによって、立場がはっきりと分かれるんですね。だから唯名論と実在論は、立場やカリキュラム、方法論の問題であって、普遍が名前か事物なんて議論はしていないんですよ。

――実在論と唯名論が、学部の違いと重なるなんて驚きです。

山内　三つ目として、オッカムとは異なる唯名論の系譜があります。リミニのグレゴリウス（?―一三五八）という人がいるんですが、彼は人間が義認《ぎにん》されている、つまり、正しい人として神に認められるかどうかは、神の恩寵に由来するのであって、人間の中身の問題ではないという主張をしたんです。
　そうすると山内は「義なる人」であると言っても、山内のなかに義である根拠はないですよね。だから「義なる人」は、外側から名付けられたにすぎない。実はこのグレゴリウスこそ「唯名論の旗手」と呼ばれ、ルターの信仰義認と直結するんです。

いま見たように、オッカムの反教皇主義的な姿勢や学芸学部のカリキュラムや方法、それからグレゴリウスのような別の唯名論と、後世の粗雑な整理が重なって、「唯名論」というアマルガム（混合物）ができあがったというのがほんとうのところだと思います。

そうすると、唯名論って反教会的じゃないですか。オッカムは反教皇だし、「唯名論の旗手」と呼ばれたリミニのグレゴリウスはルターに結びつくわけだから。そこで教会側は、唯名論を悪者扱いするわけです。カトリックはラテン語で「普遍」という意味ですよね。とすると、唯名論はカトリック教会を、中身がない名前だけのものと言っていることになります。だからざっくり言ってしまえば、唯名論者は政治的につくり上げられた悪者集団なんですね。

――最後に爆弾発言をいただきました。

山内　私自身が異端かもしれませんが（笑）、そういう視点から見ると、中世哲学の見え方もがらっと変わってくると思います。

第2章ブックガイド　山内志朗

クラウス・リーゼンフーバー（村井則夫訳）**『中世思想史』**（平凡社ライブラリー、二〇〇三）

中世哲学と一言にまとめられてしまうが、そこに登場する人々は数多く、しかもそれぞれの思想家の内実も豊かである。中世哲学は古代後期から始まり、その影響は近代の一七世紀にまで及んでいる。人名だけでも覚えきれず、時代との対応も初心者には難しい。「中世哲学とは何か」という問いには辛抱強く付き合っていかねばならない。上智大学教授も務めたリーゼンフーバーさんは、日本にスコラ哲学の土台を構築しようと一生を捧げた方だ。熱い思いが、この本全体に広がっている。

山本芳久『トマス・アクィナス――理性と神秘』（岩波新書、二〇一七）

中世哲学を学ぶにはトマス・アクィナスを欠かすことはできない。トマスの哲学は広大で全体の特徴を知るのは難しく、しかもトマスの解説書はたくさんあって、迷いやす

伊藤博明

いとう・ひろあき

1955年、北海道生まれ。
専修大学文学部教授、埼玉大学名誉教授、
放送大学客員教授。
北海道大学文学部卒業、
同大学院文学研究科博士後期課程単位取得退学。
専門はルネサンス思想史・芸術論。
埼玉大学教授、同副学長を経て現職。

主要著書

『ヘルメスとシビュラのイコノロジー』(ありな書房、1992)

『神々の再生——ルネサンスの神秘思想』(東京書籍、1996)
→新版『ルネサンスの神秘思想』(講談社学術文庫、2012)

『綺想の表象学——エンブレムへの招待』(ありな書房、2007)

『ヨーロッパ美術における寓意と表象
——チェーザレ・リーパ『イコノロジーア』研究』(ありな書房、2017)

『象徴と寓意——見えないもののメッセージ』
(責任編集、「ART GALLERY テーマで見る世界の名画」第10巻 集英社、2018)

共著

『哲学の歴史4 ルネサンス——世界と人間の再発見』
(責任編集、中央公論新社、2007)

『ムネモシュネ・アトラス』(ありな書房、2012)など

翻訳書

ピーコ・デッラ・ミランドラ『人間の尊厳について』(共訳、国文社、1985)

マリオ・プラーツ『綺想主義研究——バロックのエンブレム類典』
(ありな書房、1998)

チェーザレ・リーパ『イコノロジーア』(ありな書房、2017)　など

イントロダクション

ルネサンス哲学の四つのポイント

斎藤哲也

本章が扱うのは、ルネサンス時代の哲学だ。時代としては、ヨーロッパ中世の終盤一四～一六世紀にあたる。

ルネサンスといえば、多くの人はレオナルド・ダ・ヴィンチやミケランジェロなど、芸術家のビッグネームを思い浮かべるにちがいない。それにくらべて「ルネサンス時代の哲学者」は、ほとんど知られていないのが実情だ。それもやむをえない面がある。哲学の入門書でさえ、ルネサンスは素通りしているものが少なくないからだ。

西洋哲学史の教科書では、ルネサンス哲学の特徴として、**①スコラ哲学に対抗した人文主義の展開、②プラトン主義をはじめとした古典研究、③キリスト教と異教との融合、④中世とも近代とも異なる自然哲学**、などが挙げられている。

代表的な哲学者として、フィチーノ、ピーコ・デッラ・ミランドラ、クザーヌス、ブルーノは外せない。さらに狭義の哲学者には含まれないが、ペトラルカ、エラスムス、トマス・モアといった人文主義者も重要な存在だ。

右に挙げた特徴や人物については、インタビュー本編でじっくりうかがうことにして、このイントロダクションでは、「**人文主義**」「**プラトン主義**」「**フィチーノの思想**」「**ピーコの思想**」に絞って、そのあらましを解説しよう。この四点は密接に関連しているし、インタビュー本編でも中心的なトピックになっている。

人文主義の興隆

最初に時代背景を概観しておこう。ルネサンスとは、一四〜一六世紀にかけて、北イタリアを中心にして始まり、ヨーロッパ各地へと伝播《でんぱ》していった大規模な文化運動のことだ。「ルネサンス」はフランス語で「再生」を意味し、ギリシア・ローマ文化の再生や復興がその特徴として挙げられる。

でもなぜ、この時代の北イタリアで、ギリシア・ローマ文化の復興運動が起きたのだろうか。

ルネサンスの中心的な舞台となったのは、ヴェネツィアやフィレンツェといったイタリアの都市だ。これらの都市は十字軍の遠征以降、東方貿易や地中海貿易で富を蓄え、「コムーネ」と呼ばれる自治的な政治共同体を形成していった。

活気のある経済に支えられた自治的なコムーネの空気は、教会や封建制に縛られていた人々に、〝自由〟を渇望する心性を醸成《じょうせい》していった。それを体現するのが、ペトラルカ、ボッカチオ、エラスムス、トマス・モアといった「人文主義者」である。彼らは古代ギリシア・ローマの学問や芸術のなかに、**人間性研究**《フマニタス》の通路を見いだしていった。冒頭で述べたように、この「人文主義」こそルネサンス哲学を貫く大きな特徴だ。

「人文主義」や「人文主義者」の語源的な説明は、本編のインタビューに譲ることにして、ここでは代表的な人文主義者であるペトラルカとエラスムスを紹介しておこう。

ルネサンス人文主義の口火を切ったのは、当代随一の詩人として知られる**フランチェスコ・ペトラルカ**（一三〇四—七四）だ。ルネサンス研究の大家である、スイスの文化史家ヤーコプ・ブルクハルト（一八一八—九七）は『イタリア・ルネサンスの文化』のなかで、ペトラルカを「最初の完全な近代人の一人」と評している。

ペトラルカは三六歳のときに、ローマで「桂冠詩人《けいかんしじん》」の称号を授かった。桂冠詩人とは、ギリシア・ローマ時代に、詩作に秀でた人物が月桂樹の冠を授けられたことに端を発する〝優れた詩人〟の称号である。しかし戴冠の風習は長らく廃《すた》れたままであり、ペトラルカはその復活を強く願うとともに、他ならぬ自分自身がその栄誉に浴したいと願っていた。ここからも、彼が古代ギリシア・ローマの文化に強い憧れを抱いていたことが察せられる。

一方、オランダの**エラスムス**（一四六六頃—一五三六）は「人文主義の王」と呼ばれた人物である。古典と聖書の文献学的な研究に取り組み、彼が「新約聖書」のギリシア語原典にラテン語訳を付した『校訂ギリシア語新約聖書』は、学問的な聖書研究の出発点となった。

代表作である『痴愚神礼讃《ちぐしんらいさん》』は、痴愚の女神モリアの口を借りて教会や聖職者、修道士、王侯貴族、学者の偽善と悪徳を痛烈に風刺したものだ。同書に象徴される、権威に囚《とら》われないエラスムスの批判精神は、「宗教改革という毒蛇はエラスムスが卵を生み、ルターがそれをかえした」とカトリック側から評されたように、宗教改革にも大きな刺激を与えることになった。

プラトン復興

先述したペトラルカを筆頭に、多くの人文主義者がプラトンをリスペクトした。ルネサンス哲学は、**プラトン主義復興**という筋で見ていくと、流れをつかみやすい。

前章の中世哲学パートで見たように、一二世紀後半以降、アラビア世界からヨーロッパにギリシア哲学の著作が還流するが、その中心はアリストテレスであり、プラトンの影は薄い。実際、ペトラルカが活躍した一四世紀で見ると、アリストテレスの著作はほとんどラテン語訳で読むことができたのに対し、プラトンのラテン語訳は『メノン』と『パイドン』、『ティマイオス』（部分訳）だけだった。一二世紀以降の中世で「哲学者」といえばアリストテレスのことだったというのもうなずける。

しかし一四世紀に入ると、東ローマ帝国のビザンティンからプラトン著作の原典が次々とイタリアに入り、ラテン語への翻訳やプラトン研究が一気に加速していった。

イタリアでのプラトン研究を活気づけた大きな出来事が、一四三八、三九年に、イタリアのフェラーラとフィレンツェで開催された東西のキリスト教会合同会議だ。

この会議に出席した異色の哲学者**ゲオルギオス・ゲミストス**（一三五五頃—一四五四）は、プラトンの熱狂的な研究者であり、「プラトン」になぞらえて自らを「プレトン」

と称するほど、「プラトン推し」だった。そしてこの会議でプレトンに触発されたのが、当時、フィレンツェを牛耳《ぎゅうじ》っていたメディチ家の当主コジモ・デ・メディチ（一三八九―一四六四）である。

コジモは、侍医《じい》の息子である**マルシリオ・フィチーノ**（一四三三―九九）にプラトン全集を与え、彼を中心にして「プラトン・アカデミー」と呼ばれる人文学のサークルを立ち上げた。コジモの支援を得たフィチーノは、プラトンの全著作をラテン語に翻訳し、ルネサンス期のプラトン復興に決定的な役割を果たした。

フィチーノの功績

だが、フィチーノの業績はプラトンの翻訳にとどまらない。彼はまた、『饗宴』の注解や『プラトン神学』などで、独自の哲学的理念を展開している。

ルネサンス期の人文主義者にとって、異教である古代の哲学や文芸と、キリスト教とをいかに調停するかは大きな思想的課題だった。片や多神教、片や一神教であるから、ふつうに考えれば両者は相容《あいい》れない。その無理難題を人文主義者たちはどのように引き受けたのかに注目すると、ルネサンス哲学はがぜん面白くなってくる。

フィチーノのプラトン研究も、まさにこの課題にチャレンジするものだった。本編のインタビューに登場いただく伊藤博明さんは、次のように述べている。

フィチーノにとって、哲学は〈敬虔《けいけん》な哲学〉であり、また宗教は〈学識ある宗教〉でなければならず、両者はけっして分離されるべきものではなかった。

――『ルネサンスの神秘思想』講談社学術文庫、一〇〇頁

前章で見たように、中世スコラ哲学では、アリストテレス主義とキリスト教神学との関係がさまざまな形で問われた。ルネサンス哲学では、それに加えて、**プラトン主義とキリスト教神学をいかに総合するか**という問題にスポットライトがあたった。

では、フィチーノは、この問いを正面から引き受け、哲学的理念として展開したのだ。フィチーノは、どのようにプラトン主義とキリスト教神学を総合したのか。この点は、インタビュー本編のお楽しみにとっておこう。

ピーコの自由意志論

フィチーノの思想を発展的に継承し、ルネサンス期を代表する哲学的人間論にまで昇華したのが、北イタリア出身の**ピーコ・デッラ・ミランドラ**（一四六三―九四）だ。

早熟の天才だったピーコは、弱冠一六歳にしてフィチーノと出会い、哲学の道に進むことを強く勧められた後、北イタリアの諸都市を遍歴しながら哲学の研鑽《けんさん》を重ね、やがて人類の諸思想を総合する「哲学的平和」という理念を抱くようになる。

ピーコは二三歳のとき、哲学的平和の理念にもとづき、哲学と神学に関する公開討論会をローマで開催しようとした。討論会は異端の嫌疑をかけられ、開催できなかったが、ピーコはこの討論会のための演説原稿を準備していた。それが有名な『人間の尊厳について』である。

彼はこの演説原稿で、人間と他の被造物との違いを次のように述べている。すなわち、動物や植物など人間以外の被造物は、神によって存在の仕方があらかじめ決められている。それに対して神は人間を、自由意志によって自分自身の生を選んでいく存在として創造した。それゆえ人間は、下等な獣のように堕落することもできるし、天使のような存在になることもできるのだ、と。

このようにピーコは、自分のあり方を自ら選ぶことができる自由意志のうちにこそ、人間の尊厳が認められることを主張した。彼の**自由意志論**は、近代的人間観の先駆とも評される。インタビューでは、フィチーノとピーコの人間観を比較してもらった。両者の違いを理解することで、ピーコの先駆性はより明確になることだろう。

インタビューの読みどころ

このイントロダクションでは、あまり欲張らずに、「人文主義の興隆」と「プラトン主義の復興」、そして「フィチーノのプラトン神学」と「ピーコの新しい人間観」に的を絞って解説した。

これらは、バラエティに富むルネサンス哲学のごくごく一部を切り取ったにすぎない。続くインタビュー本編では、ルネサンス思想研究の第一人者である伊藤さんに、狭義の哲学史には収まり切らないルネサンス哲学の魅力を存分に語ってもらった。予告編として、その読みどころをいくつか紹介しておこう。

まずは、人文主義の先駆者ペトラルカの重要性をしっかり読み込んでほしい。伊藤さんの『ルネサンスの神秘思想』でも、ペトラルカの思想は二章にわたって詳述されている。高校倫理では言わずもがな、西洋哲学史の教科書でも数行の紹介にとどまるペトラルカだが、彼の思索にはルネサンス思想の方向性が凝縮されているのだ。

続いて、イントロダクションでは要点しか説明できなかったプラトン主義復興の消息についても、伊藤さんの説明を読めば、くっきりとイメージできるようになるだろう。その過程では、プラトンとアリストテレスの優劣を競う論争も勃発する。その発火点となったのが、先述したプラトン推しのプレトンである。

フィチーノやピーコの思想を語る段では、占星術や魔術、カバラー（ユダヤ教の神秘思想）にまで話が広がっていく。インタビューでも繰り返し強調されているように、ルネサンス思想の魅力は、**狭義の哲学史には収まり切らない、神秘主義やオカルト的な思想も含み込んだ文化的豊穣さ**にある。こうした点も伊藤さんだからこそ語れるトピックだろう。

インタビュー終盤では、ルネサンス期の重要な哲学者である**ニコラウス・クザーヌス**（一四〇一—六四）や、彼の影響を受けて無限宇宙論を説いた**ジョルダーノ・ブルーノ**（一五四八—一六〇〇）についても解説してもらった。

最後にインタビュー本編には収録しなかったエピソードを一つ紹介しよう。ピーコの自由意志論についてうかがった際、僕は素朴な印象として「サルトルの実存主義に近い感じがします」と感想を述べた。

どうやらまったくの的外れなコメントではなかったようだ。伊藤さんの高校時代、サルトルは思想界のスターだった。伊藤さんがピーコ研究に進んだ背景には、サルトルの実存主義やヒューマニズムの影響もあったという。その後に続く言葉が印象的だった。

「ただし、両者は力点のかけ方が違います。サルトルの場合、神がいない。だから自分で自分をつくるんですよね。だけど、ピーコは神から挿入されたあらゆる種類の種子や芽から選ぶんですよ。これは微妙なんだけど、一五世紀にイタリアにいた人間と、二〇世紀のフランス知識人の違いですよね。ひょっとしてピーコが二〇世紀を生きていたら、サルトルのようなことを言ったかもしれませんが」

ルネサンス哲学の核心

伊藤博明

インタビュー：斎藤哲也

ルネサンス期の哲学はなぜ軽視されてきたのか

――一般向けの哲学史入門のような本だと、ルネサンス期の哲学はほとんど黙殺されています。本題に入る前に、ルネサンス哲学の存在感が薄い理由から教えていただけますか。

伊藤　イギリスの有名な哲学者バートランド・ラッセル（一八七二―一九七〇）は、『西洋哲学史』という著書のなかで、ルネサンス期を「哲学において偉大な業績を上げた時代ではなかった」と評しています。ルネサンス期は、重要な理論的哲学者を一人も生み出していないというわけです。

――ずいぶんな評価ですね。

伊藤　でも、ラッセルのような評価は珍しくはありません。それは、狭義の哲学という観点から見ると、正しいと言えば正しいんです。たとえば、教科書に出てくるエラスムスやトマス・モア、モンテーニュといった人文主義者は、一般的なイメージで言えば哲学者じゃないんですよ。哲学史に残るような、独自の存在論や認識論を展開したわけじゃありませんからね。

彼らの思想は、文学や文献学、歴史学、芸術理論などを含めたより広い文脈で捉えないと、うまく理解できないだろうと思っています。つまり、**ルネサンス期の思想というのは、哲学史にはきれいに収まらない**。この後にもお話ししますが、むしろそこから外れていくような**神秘主義やオカルト的な思索をも含めた文化的な豊穣さこそがルネサンス思想の魅力**でもあるんですね。まさしく、百花繚乱《ひゃっかりょうらん》という感じです。

だから「ルネサンス期の哲学はこうだ！」とまとめるのは難しいし、それゆえに既存の哲学史には嵌《は》まりにくいんです。そういう点をふまえると、ラッセルのような哲学者がルネサンス期の哲学を軽視するのはよくわかります。

スコラ哲学への対抗意識

人文主義とは何か

――たしかに、高校倫理の教科書や大学で使われるような哲学史のテキストでも、ルネサンス期の哲学や思想の特徴としてヒューマニズム（人文主義）が挙げられます。でも、その説明を読んでも、あまり哲学という感じはしないのですが。

伊藤　おっしゃるように、人文主義は哲学じゃないですね。人文主義的なものが土台になって、近世の哲学的思考が生まれてきたとは言えるかもしれませんが、人文主義イコール哲学というのは、僕も違うだろうと思います。

――まず「人文主義とは何なのか」ということから教えていただけますか。

伊藤　人文主義は、英語で言えば「ヒューマニズム」ですね。ヒューマニズムというと、現代では、人間の価値や尊厳を重視する立場を表しますが、ルネサンス期を特徴づける「人文主義」はそれとは無関係とまでは言えなくとも、現在の用法とは大きく異なります。

人文主義は、一九世紀初頭にドイツの教育学者ニートハンマー（一七六六―一八四八）がつくった「**フマニスムス** Humanismus」という言葉に由来します。フマニスムスは、ラテン語の「**フマヌス** humanus」（人間の）にもとづく造語です。

当時、ドイツでは産業が発展し、実用的な教育、つまりすぐに仕事に結びつくような教育を求める声が高まっていました。このような流れに対して、人格形成には古典が重要だということで、旧来の教育、すなわちギリシア語やラテン語を教える古典教育を守ろうという運動が起こったんですね。

――なるほど。人文主義はもともと、ドイツの古典教育運動を表現する言葉だったんですね。

伊藤　そうです。一方で、ルネサンスもギリシア・ローマ文化の古典文化復興をめざしたわけじゃないですか。それで一九世紀の歴史家たちは、人文主義という言葉をルネサンス期の知識人たちの運動にあてはめたんです。

――でも、ヒューマニズムは、ラテン語の「フマニタス humanitas」（人間性）を語源とするという説明もよく見かけるんですが。

伊藤　ラテン語のフマニタスは、ローマ時代から、市民階級にふさわしい教養という意味でも用いられていました。もとをたどれば、古代ギリシアの「パイデイア」（教養）の理念に遡《さかのぼ》ります。

それが中世ではより具体的に、七つのリベラル・アーツ（自由学芸）として整理されます。文法・論理学・修辞学という三学と、算術・幾何・天文・音楽という四科です。

なお、「リベラル」という名称は、古代ローマ社会では、奴隷に対して市民を「自由人」と呼んだことに由来する歴史的用語です。つまり、リベラル・アーツとは「自由人にふさわしい教養」ということ。そして、リベラル・アーツは一二世紀に大学が創立されると、法学・医学・神学という専門的学問を学ぶ前段階として、教養課程に組み込まれていきます。

さらにルネサンス期になると、この伝統は「フマニタス研究 studia humanitatis」に受け継がれていきます。文字通りには「人間性の研究」という意味です。このフマニタスを研究し、教える人を「**フマニスタ** humanista」といいます。英語で言えば、ヒューマニストです。少しややこしくなりますが、それを日本語では人文主義者と訳したわけです。

――人間性の研究というのは、具体的にはどういう内容なんですか。

伊藤　文法・修辞学・歴史学・詩学・道徳哲学などが中心ですね。こういった学問について、ルネサンス期の人文主義者たちは、自らの文化のルーツであるギリシア・ローマ文化

「人文主義」の語源

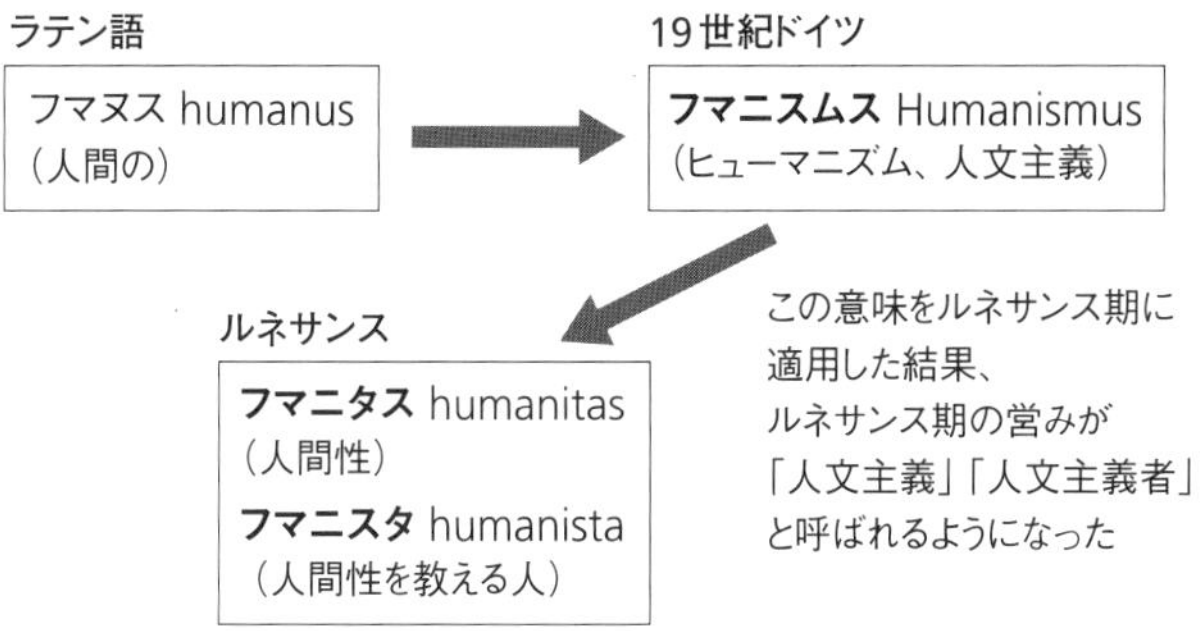

に関心を抱いて、批判的精神を発揮しながら古代のさまざまな著作を読み解いていったんです。

同時に重要なのは、彼らはしばしば、自分たちのやっている「フマニタス研究」を、中世の大学で教えられていた法学・医学・神学といったスコラ的な学問に対置していたことです。

――スコラの学問にライバル心を抱いていたわけですね。

伊藤　それははっきりと感じられます。その意味では、ペトラルカからエラスムスまで、ルネサンス期のヒューマニズムは、**スコラ的な学問に対抗意識を燃やした学芸運動**と評することもできますね。

なぜペトラルカはスコラ学者に反発したのか

――ルネサンスの時代でも、学問の主流は中世から続くスコラ哲学ですよね。人文主義者たちは、なぜスコラ哲学に対抗しようとしたんでしょうか。

伊藤　人文主義者の先駆者であるペトラルカの作品を見ると、そのことがよくわかります。ペトラルカは一三〇四年生まれですから、ルネサンス最初期の人物です。イタリア中部の都市アレッツォで生まれた彼は、父が法律家だったこともあって、当時のエリート大学であるボローニャ大学で法律を学びますが、早くから詩人になりたいと思っていた。そして父が亡くなると、詩人として生きていくことを決めるんですね。

このペトラルカは、さまざまな著作で、当時のスコラ的な学者を攻撃しています。わかりやすい一節を引用してみましょう。

人間の本性はいかなるものか、なんのためにわれわれは生まれたのか、どこから来て、どこへ行くのか、ということを知らず、なおざりにしておいて、野獣や鳥や魚や蛇の性質を知ったとしても、それがいったいなんの役にたつでしょうか。

――『無知について』近藤恒一訳、岩波文庫、三四頁要するに、スコラ学者というのは動物や生物の性質なんかはよく知っているけれど、人間の魂のことは考えたことがないだろうと批判しているわけですね。

ペトラルカのこの一節は「**自然（Nature）から人間本性（human nature）へ**」というルネサンス思想の方向性も示唆するものです。当時の大学教育は、アリストテレスやトマス・アクィナスなど、権威あるテキストを注解したり、それについて討論したりすることが中心でした。こういう教育は、ともすればテキストの字義に拘泥《こうでい》して、衒学《げんがく》的な議論になりがちです。

——いまでも、やたらと細かいだけで実がない議論のことを「スコラ的」と揶揄《やゆ》しますね。

フランチェスコ・ペトラルカ
(1304–74)
アルティキエーロ・ダ・ヴェローナ作
1379年、フランス国立図書館

伊藤　ペトラルカも、まさにそういう意味でスコラの学問を批判したんです。

そこでペトラルカのような人文主義者たちが向かったのが古代の著作です。それも原典に帰る。**原典に帰ろうという姿勢**は、ルネサンスの人文主義者に共通するばかりか、のちに触れる哲学的なプラトン主義者にもアリストテレス主義者にもはっきりと見てとることができます。

だから人文主義というのは、一つの教義というべきものではないんですね。ペトラルカに代表されるように、古代の原典を再生させ、それに学ぼうという意欲と、人間性や人間がつくる社会への関心という精神的な態度や知的な方向性と捉えるのが適切だと思います。

プラトン哲学とキリスト教の結合

プラトン主義の伝統

――ルネサンス哲学の特徴として、人文主義とともに「プラトン復興」ということがよく言われます。ということは、中世ではプラトンの哲学は廃れてしまったんですか。

伊藤　プラトンの著作で中世に知られていたのは、『メノン』『パイドン』『ティマイオス』などごく一部です。ではアリストテレスはどうかというと、アリストテレスの著作も、長く知られていませんでした。実際に知られていたのは、ローマ時代の哲学者ボエティウス

（四八〇頃―五二四頃）が訳した論理学関係の本だけなんですよ。だけどアリストテレスの著作は、一二世紀から一三世紀にかけて、イスラム世界からどっと入ってくるんですね。

他方でプラトンの著作は入ってこないんです。なぜかというと、プラトンの著作はアラビアであまり研究されなかったからです。もっぱらアラビアではアリストテレスが研究され、その研究成果とラテン語訳が、トレドやシチリアを通じてヨーロッパに入ってくるわけです。

――じゃあ、やっぱり中世を通じてプラトン主義の伝統は存続しなかったんでしょうか。

伊藤　そうとも言い切れないのが難しいところです。結論だけを言えば、新プラトン主義の影響はルネサンス期に至るまで残っていくんですね。中世を通じて尊敬された教父アウグスティヌス（三五四―四三〇）は、『告白』（第七巻九章）のなかで、「プラトン派の書物」を手にして聖書と共通のものを見いだし、知的回心のきっかけを得たと書いていますから。この「プラトン派の書物」というのは、現在の研究では新プラトン主義の著作だと考えられているんです。

そして、中世に影響を与えた新プラトン主義的な書物は、なんといっても、五世紀終わり頃から成立した「偽ディオニュシオス・アレオパギテース文書」でしょう。これは、パウロの説教によって回心したアテナイの裁判官の名を騙《かた》った偽書なのですが、実際には新プラトン派のプロクロス（四一〇頃―八五）の強い影響下に書かれています。いくつものラテン語訳が作成され、トマス・アクィナスさえも注釈を残しています。

魂の探究

――中世を通じてプラトンの著作はヨーロッパ世界にほとんど入ってこなかったけれど、新プラトン主義の思想はそれなりに受け継がれていったんですね。プラトンの著作がヨーロッパに入ってくるのはいつ頃なんですか。

伊藤　一四世紀に入って、ギリシア語原典がビザンティンから入ってくるんです。そして当時のヨーロッパで、プラトンの写本を一番たくさん持っていたのがペトラルカでした。ギリシア語原典の写本も、ラテン語に訳された写本も持っていたんです。

ペトラルカは、三〇代前半のある日、南仏アヴィニョン近郊のヴァントゥー山に登ったことがありました。そのときの様子を綴《つづ》った書簡のなかで、頂上で腰をおろし、持参したアウグスティヌスの『告白』をめくったところで出会った章句について、次のように記しています。

魂のほかにはなんら感嘆すべきものはなく、魂の偉大さにくらべれば何ものも偉大ではないということ、このことを私は異教の哲学者たちからさえもとっくに学んでおくべきだったのに、いまなお地上のものに感嘆している、そういう自分が腹立たしかったのです。

——『ルネサンス書簡集』近藤恒一編訳、岩波文庫、七五頁

ここでも、ペトラルカが魂という人間本性の探究に目を向けていることがよくわかります。さらに、「異教の哲学者たちからさえもとっくに学んでおくべきだった」と書いていますね。ここで言う「異教の哲学者たち」は、とりわけプラトンへの強い憧れを表していると思います。

——なぜ、ペトラルカはそこまでプラトンに思い入れが強いんでしょうか。

伊藤　やはりアウグスティヌスが大きいんですよ。彼がもっとも傾倒したキリスト教作家はアウグスティヌスですから。彼との架空の対話篇も書いているほどです。

——先ほど話していただいた『告白』の一節も読んでいるわけですか。

伊藤　当然、そうでしょう。『告白』はそれこそ熟読していたと思います。そして、アウグ

スティヌスを回心に導いたのが「プラトン派の書物」ということを知って、「プラトンはすごい」と賛美するようになっていったんです。

ただペトラルカは、プラトンのギリシア語原典を集めはしたけれど、自分では読めなかったんです。

――えーっ！　じゃあ積ん読ですか？

伊藤　結果的にはそうですね。イタリアに住むあるギリシア人からギリシア語の手ほどきは受けたりしたんですが、ものになりませんでした。そのギリシア人は学者ではなかったので当然だったかもしれませんが。

プラトン主義vs.アリストテレス主義

――プラトンがイタリアで読まれるようになるのはいつ頃なんですか。

伊藤　一五世紀に入ってからですね。これは本格的で、フィレンツェ市がビザンティンから、マヌエル・クリュソロラス（一三五〇頃―一四一五）という有能な学者を招聘《しょうへい》して、ギリシア語講座を開くんです。このお雇い外国人招聘の中心になったのが、ペトラルカの弟子で、当時フィレンツェの書記官長をしていたサルターティ（一三三一―一四〇六）という人物です。

――少し巻き戻してしまいますが、東ローマのビザンティンではプラトンは読まれ続けていたんでしょうか。

伊藤　ええ。ビザンティンではプラトンもアリストテレスもしっかり研究の対象になっていました。クリュソロラスも当然、読んでいたでしょう。このクリュソロラスのもとで育った弟子たちがプラトンをラテン語に訳していくわけです。

なかでも**レオナルド・ブルーニ**（一三七〇頃―一四四四）はめざましい活躍をしています。プラトンもアリストテレスもどんどん翻訳していった。彼のような傑出した翻訳者がいたから、プラトンがイタリアで読まれるようになったんですね。

そしてもう一つ、プラトン復興を加速させた大きなイベントがあります。一四三八年から開かれた東西キリスト教会の合同会議です。

この会議の目的は、迫りくるオスマン・トルコの脅威を退《しりぞ》けるために、東西のキリスト教会が再統一をしようというものでした。だから会議の開催じたいは、プラトンとは関係ありません。もっぱら政治的な動機から開かれたものです。

ただ、開催場所であるフェラーラやフィレンツェには、東方教会の関係者が続々とやってくるわけですよ。

プレトン登場！

――イタリアの人文主義者たちは大興奮ですね。

伊藤　ええ。そのなかでも際立っていたのが、ゲオルギオス・ゲミストスという哲学者です。ある意味、キワモノ的な人物でもあって、プラトン崇拝が昂《こう》じたあまり、自分に「プレトン」という名前を付けちゃった（笑）。

――「俺はプレトンだ！」と自称したんですね。たしかに変わってる（笑）。

伊藤　このプレトンはフィレンツェに来てまもなく、『プラトンとアリストテレスの相違について』という論争的な著作を書き上げるんです。これはどういう論考かというと、プラトンはアリストテレスよりもキリスト教に合致している。だからプラトン哲学のほうが優れているんだ、と。

――プラトンとアリストテレスの優劣をつけようとしたわけですか。プレトンはどういう根拠から、プラトンのほうが優れていると主張したんですか。

伊藤　いくつかあるんですが、大きな論点としては、プラトン哲学は、至上の存在である神が全宇宙の創造主であると語っているのに対して、アリストテレスの言う神は創造主でなく、事物の運動や変化の目的として考えられているだけだ、と。

キリスト教の神は、無からすべてを創造する存在です。だとすると、アリストテレスは、キリスト教的な神の「無からの創造」という考えを受け入れていないとプレトンは批判するわけです。

この論考はかなりの評判になって、イタリア中にプラトンとアリストテレスのどちらが優越しているかという著作や論争が次々と現れることになりました。

――当時の主流であるスコラ哲学は、アリストテレスが柱でしょうから、プレトンは物騒な爆弾を投げ込んだ格好ですね。結局、論争に決着はついたんですか。

伊藤　明確な決着はつきませんが、この一件がきっかけとなって、人文主義者たちのプラトン哲学に対する理解がいちだんと深化していったのはたしかです。それは、プラトン哲学の重要性を広範な人々に知らしめることにもなったわけです。

プラトン・アカデミーの誕生

伊藤　プレトンがプラトン復興に果たした役割として、もう一つ紹介したいことがあります。彼は、先述した東西キリスト教会の合同会議で、当時のメディチ家の当主であるコジモ・デ・メディチと談論しているんです。

——コジモはその頃、すでにフィレンツェの実質的な君主となっていますよね。プレトンはそんな大物と、何を話していたんですか。

マルシリオ・フィチーノ(1433–99)
アンドレア・ディ・ピエトロ・フェルッチ作
1522年、サンタ・マリア・デル・フィオーレ大聖堂

伊藤　コジモに、プラトン・アカデミーの設立を強く勧めたようです。コジモはプレトンの話を聞いて、深い感銘を受けたといいます。それが一四三九年のことで、以来、コジモはプラトン・アカデミーの構想を抱くようになりました。そして一四六三年に、侍医の息子であるマルシリオ・フィチーノの才能を見込んで、彼に別荘を与えたんです。それがプラトン・アカデミーの始まりですね。できすぎた話のように聞こえますが、そのようにフィチーノ自身は語っています。

このフィチーノこそ、プラトン哲学を復興した最大の立役者と言っていいでしょう。彼は早くからプラトンに傾倒していました。プラトン・アカデミーの学頭になってからは、プラトンの全作品をラテン語に翻訳し、それらの摘要や注解を書き上げた他、新プラトン主義者のプロティノス、プロクロスらの著作に加えて、先に触れた偽ディオニュシオス文書も翻訳しています。

この訳業がそれ以降の西洋哲学に与えた影響は、相当大きいと思います。カントの時代まで、みんなフィチーノの訳でプラトンを読んでいくんです。さらに注解や注釈といっても、かなり自由なもので、フィチーノは注釈のかたちで自説を語ったりしている。

実は肉体的欲望を離れた精神的愛を意味する「プラトニック・ラブ」という言葉は、プラトン自身の議論ではなく、フィチーノのプラトン解釈に由来するんですよ。

――そうなんですか!

伊藤　プラトンの著作からは、肉体的愛を否定するようなテクストは見当たらないんですね。歴史的にはフィチーノが説いた「プラトン的愛」という教説に影響されて、一六世紀に文学的な恋愛論議が盛り上がったことが大きいんです。

それから哲学的な方面で言えば、一七世紀のスピノザやイギリスでプラトン哲学の復興を企図したケンブリッジ・プラトン主義までフィチーノの影響は及んでいます。

――まず、フィチーノに託されたプラトン・アカデミーというのは、どういう組織だったんでしょうか。

伊藤　名前からすると、しっかりした学術的な組織のように聞こえますけれど、近代以降のアカデミーとは異なり、その実態はフィチーノを中心とした哲学や文学のサークルみたいなものです。詩人や文学者、哲学者が集まって議論したり、朗読したりといった活動をするんです。コジモの孫でパトロンを引き継いだ、詩人でもあったロレンツォ・デ・メディチも顔を出していたようです。

――フィチーノは、翻訳以外に自著を執筆していないんですか。

伊藤　『プラトン神学』という大部な主著があります。それから自著ではないんですが、プラトンの『饗宴』に注解を施した『饗宴注解』（邦訳タイトルは『恋の形而上学』）は、先ほど言ったように、注解というかたちで自分の見解を披露しているという意味では、自著に近い内容になっていますね。

フィチーノのプラトン神学

――『プラトン神学』というのは、どういう内容なんでしょうか。

伊藤　一見、プラトン哲学における神に関する議論のように思えますが、そうではないんですね。フィチーノは、この本で**プラトン主義とキリスト教神学を統合しようとしている**んです。すなわち、哲学は敬虔な哲学であり、また宗教は学識ある宗教であるべきで、両者は分離してはいけない。究極的には両者は合致するのだ、と。

また『饗宴注解』でも、プラトンの説く**エロース**とキリスト教的な**アガペー**を融合させた、愛の哲学を開陳しています。これが先ほどの「プラトン的愛」、つまりプラトニック・ラブの源泉になっていくんです。

――一般的には、エロースとアガペーは、まったく違う愛だと説明されますね。プラトンの言うエロースは、善や美のイデアへと向かわせる欲求なのに対して、アガペーは無差別平等な神の愛だ、と。

伊藤　そうですね。プラトンの『饗宴』では、エロースが二種類あることが語られます。大雑把な言い方をすれば、高尚なエロースと下世話なエロースです。

下世話なエロースは少年よりも女性を、魂よりも肉体を愛し、できるだけ考えのない者を愛するというものです。他方、高尚なエロースは、男性のみを相手にして、理性を備えている人間たちをともに徳へと向かって励ませるような性格を持っているとされます。

フィチーノはこの二種類のエロースを、**天上的愛**と**世俗的愛**というふうに読み替えていくんですね。そして、天上的愛は神的な美を観照《かんしょう》しようとする欲求、世俗的愛は世界のなかに美を産出しようとする欲求と定義し、人間は天上的愛に導かれることで、あらゆる美の根源である神自身に向かう。そうやってエロースとアガペーの融和を図っていくんですね。

――実際のところはどうなんでしょう。プラトン哲学とキリスト教は、そんなに合致するものなんですか。

伊藤　当然、食い違うところがたくさんありますね。プラトン哲学だと、霊魂は死後も輪《りん》廻《ね》を経験して現世に戻ってきます。しかしキリスト教には、輪廻という考えはありません。一方で、もちろんプラトン哲学には、終末思想なんてありません。

それから厳密に言うと、フィチーノの学説は、プラトンというより、新プラトン派の**プロティノス**（二〇五頃―二七〇）に強く影響されています。それがよく表れているのが、『プラトン神学』で展開されている魂に関する議論です。

ここでプロティノスの新プラトン主義を簡単に復習しておきましょう。

プロティノスによれば、存在するものすべては、超越的な絶対者である「一者（ト・ヘン）」「ヌース（叡知《えいち》）」「魂」という三つの存在者からなる知性界と、それの模倣である「感

「プロティノスの存在論」と「フィチーノの存在論」

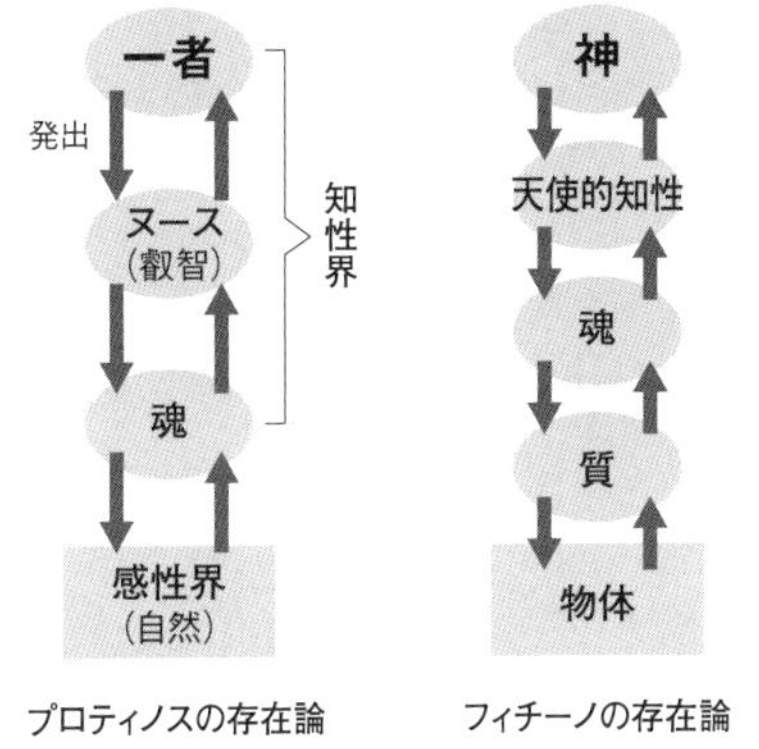

性界」に大別されます。この階層構造を持った世界の存在はすべて、万物の根源的な原因である「一者」から「発出」したものです。

そして、哲学の目的は、感性界に住んでいる私たちの魂が、理性による観照を通じて「一者」に至ることにあるといいます。そしてこの「一者」が、中世ではキリスト教的な神として読み替えられていくわけです。

一方、フィチーノは、このプロティノスの体系に影響を受けて、存在の段階を、**神**、**天使的知性**、**魂**、**質**(**性質**)、**物体**という五つに分けています。

フィチーノの人間論

――なるほど。フィチーノが新プラトン主

義の影響を受けているというのがよくわかりますね。プラトン本人は、こんな分け方をしていませんから。ただ、フィチーノは五段階なのに対して、新プラトン主義の元祖であるプロティノスは、一者、ヌース、魂、感性界という四段階ですね。

伊藤　そうです。両者の対応を考えると、一者＝神、ヌース＝天使的知性、魂はどちらも同じで、感性界＝物体ですから、フィチーノは「質」を加えているんですね。

——なぜ「質」を加えた五段階にしたんでしょうか。

伊藤　五段階にすると、魂がちょうど中間になりますね。上からも三つ目、下からも三つ目だから。フィチーノは、この中間としての魂に、特別な役割を持たせているんです。すなわち、魂は上位にある神、天使的知性へと上昇もするし、下位の質、物体へと下降もする。そうすることで、宇宙内の被造物を結合して、宇宙を統一体とする任務が与えられているというわけです。

フィチーノの言葉を引用しておきましょう。

魂は、あらゆるものを真に結合するものであり、或るものへと移るときも他のものを放棄せず、個別的なものへ移ってもつねに全体を保有するので、それは正当にも自然の中心、あらゆるものの中間物、世界の連結、万物の面、世界の結び目と紐帯《ちゅうたい》と呼ぶことができるだろう。

——『プラトン神学』第三巻二章。ハンキンズ版第一巻、二四二頁。一部ルビを補った。

フィチーノにとっての魂というのは、人間的なものを意識しているんですね。だから存在の階層のなかで、人間が真ん中に来て、世界の結び目になるというイメージがあるんです。そう考えると、魂を中間にするために、無理やり「質」というのを加えたといったところじゃないでしょうか。

——いまの説明を聞くと、フィチーノは人間的な魂の役割を重視しているように思えます。

伊藤　そうです。実際、こうした世界を結びつける魂の中間的な位置づけは、フィチーノによる人間の尊厳と卓越性の表現と見なされているんです。

ただ、一方でフィチーノは、古代・中世の人間観も受け継いでいるんですね。それは人間をミクロコスモス、小さな宇宙と捉える見方です。

先ほど、フィチーノの哲学では、魂は存在の階層のなかを上昇もするし下降もすると説

フィチーノのホロスコープ
（伊藤博明『ルネサンスの神秘思想』290頁より）

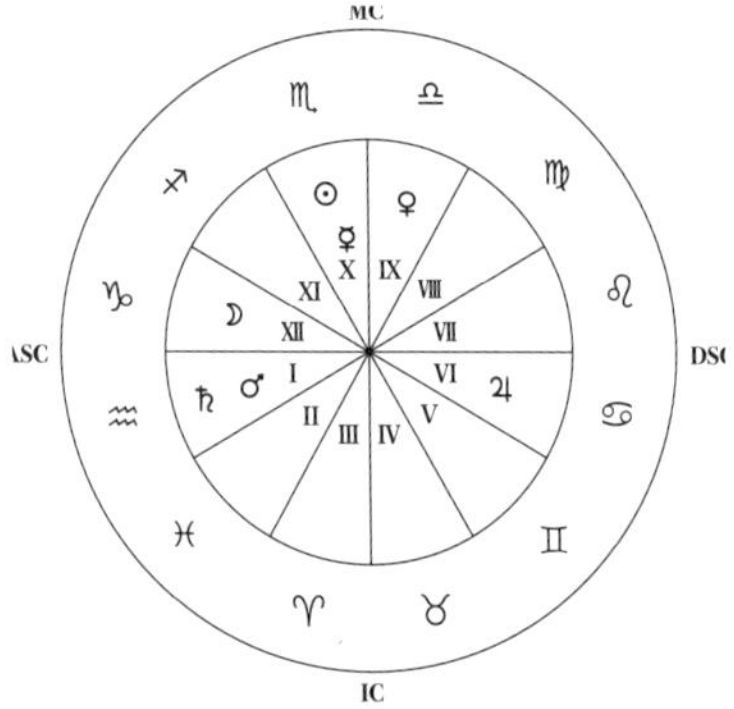

明しました。これは別の言い方をすると、人間の魂のなかに、あらゆる存在の生が詰まっているということでもあります。

実際フィチーノは、『プラトン神学』で、人間の魂は、自分自身のなかで植物の生、獣の生、人間の生、英雄の生、ダイモン（神霊）の生、天使の生、神の生をさまざまな仕方で試みるんだと述べているんですね。

――ということは、フィチーノの人間論はめちゃくちゃ斬新というわけでもないんですね。人間の魂を、存在階層の中間に置くようなところは画期的だし、人間の尊厳の表現だと感じさせるけれど、一方で古代・中世の人間観も受け継いでいる、と。

伊藤　そのとおりですね。

ちょっと脇にそれますが、冒頭で、神秘主義やオカルト的な思想を含めた文化的豊穣さこそがルネサンス思想の魅力でもあると言いました。占星術が復興したのもルネサンス期の特徴で、フィチーノも占星術に傾倒して著作を残しており、彼のホロスコープ（星占い用の生誕時の天体図）も残されています。

なぜ、フィチーノが占星術に熱心だったかというと、彼の宇宙観と密接に関係してきます。先ほど人間をミクロコスモスとして捉える見方を紹介しました、逆にコスモス（宇宙）は一つの巨大な有機体として考えられます。

そこには、イギリスの思想史家フランシス・イエイツ（一八九九―一九八一）の言葉を借りれば、「魔術的な力のネットワーク」が張りめぐらされていて、天界と地上界の間には深い照応関係があり、したがって星辰《せいしん》の影響がわれわれに及ぶのですね。

同時に、占星術への疑義や批判も登場します。ルネサンス期のイタリアでもっとも詳細な占星術批判を行ったのが、ピーコ・デッラ・ミランドラでした。そして、批判の核心となったのは、彼の自由意志の考え方でした。

自由意志論からカバラーまで

「人間とは自由に選択する存在である」

――プラトン・アカデミーが世に送り出した哲学者としては、学頭だったフィチーノとともに、いまお話に出たピーコ・デッラ・ミランドラが有名です。高校倫理の教科書でも太字扱いになっています。

伊藤　ピーコは早熟の天才で、三一歳で亡くなっているんです。彼は二〇代前半、ローマで哲学と神学に関する討論会を組織しようとしたことがありました。その開会の辞として準備していた演説原稿が、のちに『人間の尊厳について』と呼ばれ、大変有名になったんですね。

その冒頭で、ピーコは**人間本性の卓越性**について説明を試みています。そこで師というべきフィチーノの人間論をやんわりと批判するんです。つまり、人間はさまざまな被造物の仲介者であるとか、世界を結びつける紐帯であるといったことは、大事ではあるけれど、決定的なものじゃないと言います。

それに続けて、神による創造の瞬間を次のように説明するんです。神は人間に定まった地位、固有な相貌、特有の贈り物を与えず、いかなる地位や相貌、贈り物も、自分の考えに従って所有できる被造物として人間を創造した、と。

そして最初の人間であるアダムに、こう話しかけたと言うんですね。

アダムよ、（中略）おまえは、いかなる束縛によっても制限されず、私がおまえをそ、、の手中に委ねたおまえの自由意志に従っておまえの本性を決定すべきである。（中略）われわれは、おまえを天上的なものとしても、地上的なものとしても（中略）造らなかったが、それは、おまえ自身のいわば「自由意志を備えた名誉ある造形者・形成者」として、おまえが選び取る形をおまえ自身が造り出すためである。

——『人間の尊厳について』大出哲・阿部包・伊藤博明訳、国文社、一六～一七頁

ピーコ・デッラ・ミランドラ
（1463–94）
作者不詳、16世紀前半、ウフィツィ美術館

つまりピーコは人間を、神によってあらかじめ定まった地位と本性が与えられていない存在として考えます。そして人間の尊厳の根拠を、**人間が地位と本性とを自らの自由意志によって選び取るべき存在であること**に求めるんです。

新しい人間観の根拠

――ピーコの自由意志論は、当時としては独創的な思想だったんでしょうか。

伊藤　これも復習的な話になりますけれど、自由意志については、アウグスティヌスが『自由意志論』のなかで議論しています。

人間は自分の自由意志で救われるか。アウグスティヌスの結論は「救われない」です。それは原罪のせいなんですね。つまり、アダムは自由意志によって知恵の実を取り、楽園から追放された、つまり悪をなしてしまったとされるわけです。

したがって、原罪を抱えた人間は、自由意志で何かをしようと思ったら、自分では正しいことをするつもりでも、結局は必ず悪を犯すことになるというのが中世のキリスト教の考え方です。

これをふまえると、ピーコの自由意志論はかなり大胆な議論をしているんですね。人間は自分の自由意志で本性を選び取ることができるというわけだから。

ついでに言っておくと、自由意志論は宗教改革者マルティン・ルター(一四八三―一五四六)対エラスムスの闘いで再燃するんですよ。ルターは奴隷意志といって、アウグスティヌスを受け継ぎます。それに対してエラスムスは自由意志を擁護するんですね。二人とも間違いなくピーコの議論は知っていたと思います。

――ピーコはどのような根拠で、自由意志を主張するんでしょうか。

伊藤 根拠はイエス・キリストの存在です。アダムが犯した罪はイエスの死によって贖《あがな》われ、人間はふたたびアダムの所有していた自由を獲得したんだと、おそらくピーコは考えています。

こういうピーコの人間観は、先述したフィチーノの人間観とは大きく異なっていますね。フィチーノの場合、人間は宇宙のヒエラルキーの「中間」という席が決まっている。その意味では、やっぱり固定的なんですね。それに対してピーコは、人間を自由に選択する存在と考えるわけです。さらにフィチーノも受け継いでいた古代・中世的なミクロコスモス観からも脱しています。

そう考えると、ピーコの『人間の尊厳について』は、それまでの人間観とは異なる新しい人間観を提出したと言っていいでしょうね。ただし彼は、自分の人間観を体系的に展開することなく早世してしまいました。

荒唐無稽な夢想

伊藤　哲学という点では、ピーコの「**哲学的平和**」という理念も重要です。ピーコは、友人たちから「調和の君主」と呼ばれていました。この名前は、彼の一族が所有する領地の一つが「コンコルディア」という名前であることにちなんで付けられたものです。コンコルディアというのは、ラテン語で「調和」を意味するんですね。

しかし同時に、「調和の君主」はピーコの思想的な理想もよく表しています。短い生涯のなかで、ピーコは、**人類が生み出してきた知的遺産をすべて総合して、そこから新しい哲学を打ち立てようとした**んです。それを「哲学的平和」と呼んでいます。

――壮大な理想ですが、人類の知的遺産というと、どのくらいの範囲まで含まれるんですか。

伊藤　ほんとうに壮大ですよ。すでに話題にしたプラトン主義とアリストテレス主義の伝統、中世のスコラ哲学とアラビア哲学、ヘルメス、ゾロアスター、オルフェウスなどの古代神学、さらにユダヤ教神秘主義のカバラーや、マギア（魔術）まで射程に入っているわけですから。まさに百花繚乱です。

――それはいくら何でも無理があるような気がしますが……。

伊藤　もちろん荒唐無稽な夢想に見えるのはやむをえません。繰り返しますが、ルネサンス期の思想の魅力というのは、哲学史の正統からは外れていくような、神秘主義やオカルト的思想をも含み込む豊穣さにあると思うんですね。「人文主義者」というと、現代の感覚では魔術とは正反対の存在のように思えますが、そんなことはまったくないんです。

自然魔術とカバラー

――とはいえ、魔術を擁護するとはとても信じられませんね。

伊藤　現代の感覚で魔術とは、怪しげな方法によって悪霊を呼び出し、人に呪いをかけるような術と思われているかもしれません。しかし、ピーコはこのような術は「妖術」と呼んではっきり区別している。

もともと「マギア」という言葉は、古代ペルシアの神官の知恵（占星学など）を意味していました。ピーコはそのことに言及しながら、「自然魔術」と言い直すとともに、それを

「自然哲学の絶対的完成」と呼んでいました。**魔術とは何か新奇なものを生み出すのではなく、自然のなかに隠されている力を明るみに出す作業**なんです。具体的には磁力の働きなどを考えればよいでしょう。

――カバラーについてはいかがでしょう。

伊藤　カバラーとはユダヤ教神秘主義の伝統に属するもので、一二世紀末にプロヴァンスに起こり、一三世紀にスペインで興隆します。複雑な体系と象徴を駆使する秘儀的な教えですが、ピーコはそこに神が聖書以外に示した原初の教えを探りました。ヨーロッパにおける「キリスト教的カバラー」の伝統は、ピーコから始まります。

結局、ピーコが総合しようとしたさまざまな思想は、一つひとつをとってみれば、ルネサンスの人文主義者や哲学者にはなじみの深いものでした。その意味では、ピーコの壮大な夢想は、**それまでの人文主義者や哲学者の夢想を総合しようとするもの**でもあったんです。

ルネサンス哲学の広がり

アリストテレス主義の改革

——ルネサンスといいますと、どうしてもプラトンに目がいきますが、アリストテレスはどう扱われていたんでしょうか。

伊藤 パドヴァ大学など、北イタリアで盛んだったアリストテレスの研究もまた、源泉に回帰するという人文主義の影響を受けています。まず、アリストテレスの著作のギリシア語原典による研究と新しいラテン語訳が作成され、中世で使用されていたテキストの誤りが改められました。

次に、中世ではほとんど顧みられることのなかったアリストテレスの著作が研究されるようになりました。『詩学』『政治学』『修辞学』、そして『動物誌』などの生物学的著作を検討することによって、中世とは異なるアリストテレス像が誕生します。また、ヘレニズム時代の注釈書が知られるようになって、『自然学』や『霊魂論』などに関しても新たな議論が繰り広げられました。

――具体的にはどのような哲学者がいたのでしょうか。

伊藤　代表的なアリストテレス主義者を一人紹介しましょう。パドヴァ大学やボローニャ大学で教鞭をとった**ピエトロ・ポンポナッツィ**（一四六二―一五二五）です。主著として『霊魂不滅論』という書物が知られています。

一二世紀にアリストテレスがヨーロッパに導入されたさいに、キリスト教信仰とどう折り合いをつけるかが論じられましたが、そのなかでも「霊魂の不滅」が焦点になりました。ポンポナッツィはさまざまな主張をふまえて、霊魂の不滅性は理性のうえでは探求できないという結論にいたります。もっとも信仰の領域では別、というわけですが。この結論によって、彼は宗教的異端の汚名を着せられたようです。

――何かプラトン主義者との共通点はあるのでしょうか。

興味深いことに、ポンポナッツィは『魔術について』という論考を執筆しています。この論考については、僕の弟（伊藤和行・元京都大学教授）の解説がわかりやすいので引用してみましょう。「ポンポナッツィは、奇跡や魔術的な行為を超自然的なものとみなす見解に対して、自然の活動の結果であると体系的に批判した。（中略）驚異と呼ばれ、超自然的な存在が介在するとみなされる現象も、自然的な原因による説明が可能であって、（中略）実際、それらは星辰の影響、地上の存在の「隠された」能力、集合的な想像力によると説明される」（伊藤和行「ポンポナッツィ」、『哲学の歴史4　ルネサンス——世界と人間の再発見』中央公論新社）。

ここでは、フィチーノやピーコ・デッラ・ミランドラと関心が共有されているように思われます。

クザーヌスからブルーノへ

——ルネサンス期の哲学者としてよく取り上げられるクザーヌスについて解説いただけますか。クザーヌスは、人文主義者に連なる哲学者なんでしょうか。

伊藤　ニコラウス・クザーヌスは異質なんですよ。時代的にはルネサンス期の人物ですけれど、私の見方では中世の哲学者です。だからイタリアの人文主義者との影響関係は、ほとんどないと思います。もっと根っこまでたどっていくと、クザーヌスも新プラトン主義の書物を読んでいるから、関係を見いだそうとすればできるけれど、直接的な関係はないんですね。

彼は実務的な聖職者として忙しい日々を送りながら、一方で神秘主義的傾向の強い、独自の哲学を形成していった。そういう哲学者です。
　クザーヌスの有名な哲学概念に「**知ある無知**」というものがあります。人間の究極的な探究対象である真理について、人間が端的に無知であることを自覚する理性の状態を表した概念です。そうやって無知を自覚した状態にあることこそが、かえって真理の豊穣さを理性が捉えることができる前提となるというわけです。
　もう一つ有名な概念が「**対立物の一致**」ですね。無限なる神の本質は極大と極小の合致である。そういうことを、数学的な比喩を使って表現していくんです。

――後世への影響という点ではどうでしょうか。

伊藤　クザーヌスから大きな影響を受けたのは、ジョルダーノ・ブルーノですね。ブルーノはコペルニクスの地動説を受け入れただけではなく、クザーヌスからの影響で、**無限宇宙論**を唱えたんですよ。コペルニクスの地動説は、宇宙の中心を地球から太陽に置き換えただけですけれど、ブルーノは、宇宙には特定の中心がないとまで言ってしまうわけです。
　さらに神についても、無限である神が宇宙全体に遍在していると言います。たとえば『傲《おご》れる野獣の追放』という著作には「自然は、諸事物のなかにおける神である」という表現があるんです。

――スピノザの汎神論に近い感じがしますね。

伊藤　そうですね。ただ、細部ではやはり違います。ブルーノは、無限の宇宙はアトムの離合集散する場所であり、その内部には、宇宙を統治する第一原理である宇宙霊魂が浸透していると言います。

　こういう宇宙を一つの生命体と見るような**有機的宇宙観**は、一六世紀イタリアで興隆した自然哲学の大きな特徴です。それは中世的な目的論的自然観とも、近代の合理的な自然観とも異なるものです。

　最後に付け加えておくと、ブルーノの主張は、当時のカトリック教会の宇宙論や神についての考え方からすれば言語道断です。ブルーノは異端の烙印《らくいん》を押され、投獄されてしまう。それでも自説を曲げなかったため、一六〇〇年にローマの「花の広場」で火刑に処されてしまいました。

　これをもって、ルネサンス哲学の幕引きと言えるかもしれません。

ジョルダーノ・ブルーノ
（1548–1600）
アドルフ・ヴァグナー編『ジョルダーノ・ブルーノ著作集』、1830年
Welcome Collection Gallery

イタリア以外の国々へ

――最後の質問です。ルネサンス哲学はイタリア以外のヨーロッパの国々にどのように広がっていったのでしょう。

伊藤　一五世紀のイタリアはヨーロッパで最先端の文化国家だったわけですが、たとえばフィチーノの著作と思想もアルプスを越えて伝えられていきました。イギリスのジョン・コレット（一四六七―一五一九）をはじめとして、フランス、ドイツ、さらにはポーランドやハンガリーの人文主義者たちとの書簡が残されています。

フランスにおける最大の人文主義者は、ヴェネツィアにも長く滞在していたこともあるエラスムスでしょう。彼は、一五世紀の前半に活躍したロレンツォ・ヴァッラ（一四〇七―五七）のラテン語訳聖書への文献学的批判を受けて、一五一六年に史上はじめてギリシア語原典にラテン語を付した『校訂ギリシア語新約聖書』を刊行します。この聖書はルターによっても称讃されました。さらに、人文主義的な学識がつまった『格言集』がベストセラーとなり、エラスムスは「人文主義の王」と呼ばれるようになりました。

一方、『痴愚神礼讃』は、当時の社会を鋭く批判するもので、その標的は王侯貴族や学者・詩人だけではなく、神学者・聖職者・修道士にまで及んだので、カトリック教会からの激しい批判を浴びました。

この『痴愚神礼讃』が献じられたのが、イギリスの友人**トマス・モア**（一四七八―一五三五）です。彼は法律家で政治家でしたが、「ユートピア」という語を広く世に知らしめた小説『ユートピア』を刊行しました。彼はそのなかで架空の国について詳しく描写しながら、イギリスの現状を批判しましたが、これも人文主義的な態度と言うべきでしょうね。

そして、スコラ哲学への批判という人文主義の課題は、**フランシス・ベイコン**（一五六一―一六二六）によって引き継がれて、スコラ哲学に代わる諸学の体系的な「大革新」の構想が生まれます。また、**デカルト**（一五九六―一六五〇）にとっても、スコラ哲学と対決しつつ、それを乗りこえる「方法」を創出することが彼の合理主義的思考の出発点となりました。

第3章ブックガイド　伊藤博明

伊藤博明（責任編集）**『哲学の歴史4　ルネサンス』**（中央公論新社、二〇〇七）

日本で刊行された哲学の通史において、はじめて「ルネサンス」を独立した一巻とする画期的な書。ペトラルカからフランシス・ベイコンまで二二人の思想家を取り扱うが、狭義の人文主義者や哲学者だけではなく、マキアヴェッリ、ルター、ジャン・ボダン、ガリレオなど広い視野からルネサンス思想の豊穣さを紹介する。豊かな文献紹介を含む。

伊藤博明『ルネサンスの神秘思想』（講談社学術文庫、二〇一二）

原本は『神々の再生――ルネサンスの神秘思想』（東京書籍、一九九六）として刊行された。第一部「〈神々の再生〉の歴史」ではペトラルカからフィチーノとピーコまで、異教の哲学の復興についてたどられる。第二部「〈神々の再生〉の諸相」では、ヘルメス主義、魔術、占星術、カバラーなど、異教のオカルト思想の復興について語られる。

チャールズ・B・シュミット、ブライアン・P・コーペンヘイヴァー（榎本武文訳）**『ルネサンス哲学』**（平凡社、二〇〇三）

邦語で読むことのできる、もっとも詳細なルネサンス哲学史。本書は、アメリカのルネサンス哲学研究を領導したP・O・クリステラーに捧げられているが、彼の衣鉢を継ぎ、複雑で厄介な問題をテーマ別に要領よく整理した、信頼に値する研究書である。哲学史におけるルネサンス問題を考えるうえで、最終章「ルネサンス哲学と現代人の記憶」も重要である。

P・O・クリステラー（佐藤三夫、根占献一、伊藤博明、伊藤和行訳）**『イタリア・ルネサンスの哲学者』**（みすず書房、二〇〇六）

ペトラルカ、ヴァッラ、フィチーノ、ピーコ、ポンポナッツィ、テレジオ、パトリッツィ、ブルーノの八人の哲学者の生涯と思想を紹介する。簡潔ではあるが、著者の深い学識に裏打ちされた信頼に足る内容であり、ルネサンス哲学の入門書として最適である。

関連年表

——紀元前600–1600年代

西暦	前600	前500	前400

出来事

- バビロン捕囚（前586）
- ローマで共和制開始（前509頃）
- 第1次ペルシア戦争・マラトンの戦い（前490）
- 第2次ペルシア戦争・サラミスの海戦（前480）
- ペロポネソス戦争（前431－前404）
- ソクラテス刑死（前399）
- コリントス戦争（前395－前386）
- プラトン、アカデメイアを創設（前387）

主な哲学者、思想家

- タレス 前548頃 前625頃
- アナクシマンドロス 前546頃 前610頃
- アナクシメネス 前527頃 前587頃
- ピュタゴラス 前494頃 前572頃
- ヘラクレイトス 前480頃 前540頃
- パルメニデス 前450頃 前520頃
- エンペドクレス 前430頃 前490頃
- 前415頃 前490頃 プロタゴラス
- 前380頃 前485頃 ゴルギアス
- 前399 前469頃 ソクラテス
- 前370頃 前460頃 デモクリトス
- 前347 前427 プラトン
- 前384 アリストテレス

関連書籍

- アナクシマンドロス『自然について』
- ヘラクレイトス『自然について』
- パルメニデス『自然について』
- エンペドクレス『自然について』『カタルモイ』
- プラトン『ポリテイア（国家）』『ソフィスト』『ソクラテスの弁明』『パイドン』『饗宴』『パルメニデス』
- アリストテレス『自然学』『天体論』『気象論』『ソフィスト的論駁について』『霊魂論』

前300	前200	前100
アリストテレス、リュケイオンを創設（前335） アレクサンドロス大王の東方遠征（前334－前324） アケメネス朝ペルシア帝国滅亡（前330） エジプト王国（プトレマイオス朝）建国（前305） 第1次ポエニ戦争（前264－前241）	第2次ポエニ戦争／ハンニバル戦争（前218－前201） マケドニア王国滅亡（前168） 第3次ポエニ戦争（前149－前146）	スパルタクスの乱（前73－前71）

エピクロス 前341－前270

ピュロン 前360頃－前270頃

キティオンのゼノン 前334頃－前262頃

アルキメデス 前287頃－前212頃

キケロ 前106－前43

前322

エピクロス『主要教説』

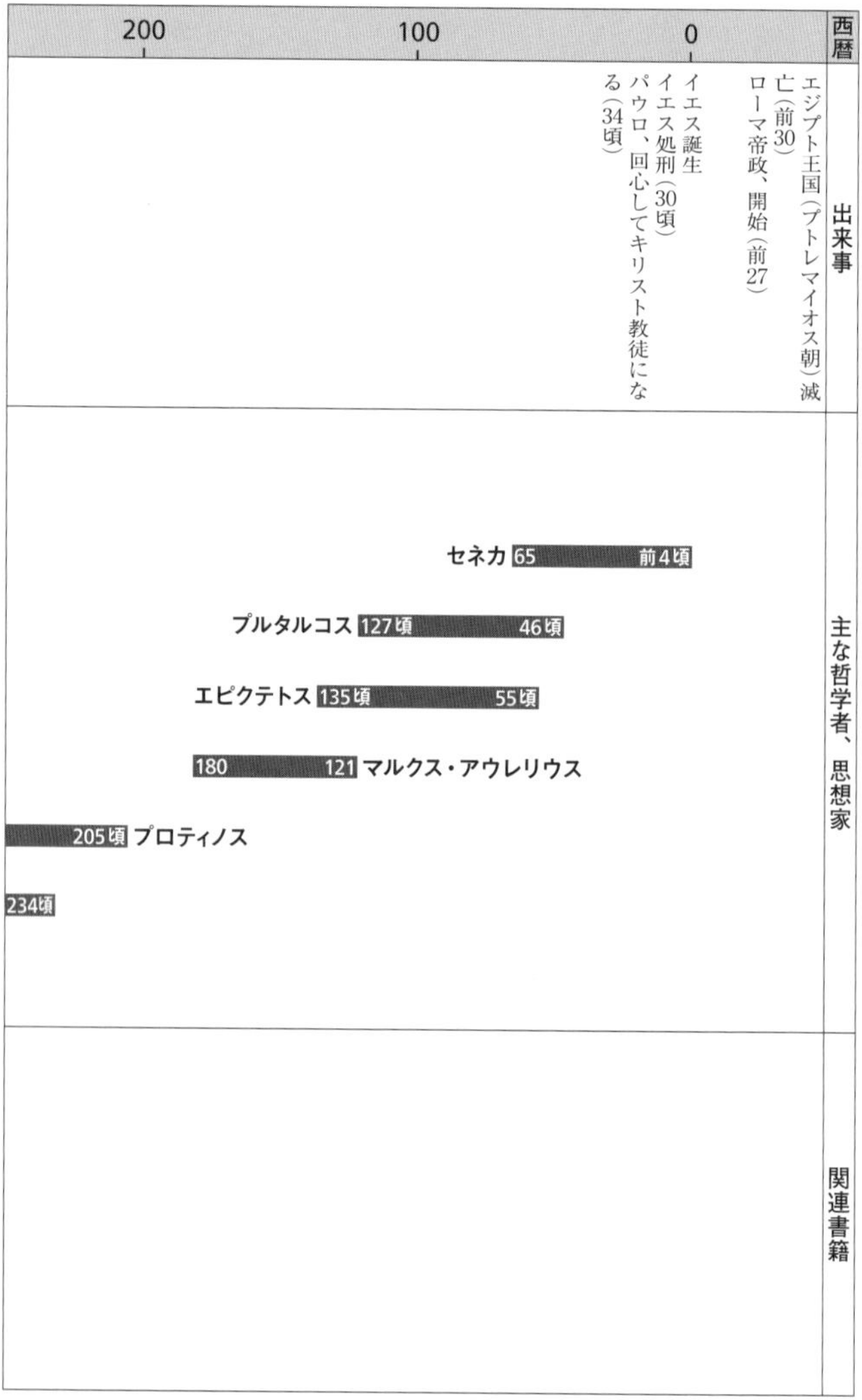

西暦
200
100
0
出来事
エジプト王国（プトレマイオス朝）滅亡（前30）
ローマ帝政、開始（前27）
イエス誕生
イエス処刑（30頃）
パウロ、回心してキリスト教徒になる（34頃）
主な哲学者、思想家
セネカ 65 前4頃
プルタルコス 127頃 46頃
エピクテトス 135頃 55頃
180 121 マルクス・アウレリウス
205頃 プロティノス
234頃
関連書籍

300	400	500

- コンスタンティヌス帝がミラノ勅令を発布、キリスト教を公認（313）
- 東西ローマ帝国統一（324）
- ゲルマン民族の大移動（376）
- ローマ帝国、キリスト教国教化（392）
- ローマ帝国分裂（395）
- コンスタンティノポリス大火（465）
- 西ローマ帝国滅亡（476）
- 皇帝ユスティニアヌス、アカデメィアの閉校を布告（529）

- ポルフュリオス 270–305頃
- ペラギウス 354–420頃
- アウグスティヌス 354–430
- プロクロス 410頃–485
- ボエティウス 480頃–524頃

- ポルフュリオス『エイサゴーゲー』
- アウグスティヌス『告白』『三位一体論』『恩寵と自由意志』
- ボエティウス『哲学の慰め』

西暦	600	700	800	900	1000	1100

出来事

- ムハンマド（マホメット）誕生（570頃）
- ラテラノ公会議開催（649）
- ビザンツ皇帝レオン三世、聖像禁止令を発布（726）
- トゥール・ポワティエ間の戦い（732）
- カロリング朝成立（751）
- カロリング・ルネサンス始まる（789）
- カール大帝、西ローマ帝国皇帝の戴冠（800）
- オットー一世、ローマ帝国皇帝の戴冠。神聖ローマ帝国の成立（964）
- ノルマン・コンクエスト（1066）
- 聖職叙任権闘争（1075－1122）
- カノッサの屈辱（1077）
- ボローニャ大学創立（1088頃）
- 第1回十字軍（1096－99）

主な哲学者、思想家

- イブン・シーナー（アヴィセンナ） 980　1037
- アンセルムス 1033　1109
- イブン・ルシュド（アヴェロエス） 1126

関連書籍

- イブン・シーナー『治癒の書』
- アンセルムス『プロスロギオン（対話録）』

1400	1300	1200

フランシスコ会発足（1209頃）
マグナ＝カルタ発布（1215）
十字軍、エルサレムを奪回（1229）
パリ大学学芸学部、アリストテレスのほぼ全著作を正式にカリキュラムに導入（1255）
オスマン帝国建国（1299）
英仏百年戦争（1339－1453）
教会大分裂（1378－1417）
メディチ家の執政期（1434－94）
東西キリスト教会合同会議（1438－39）

1198
トマス・アクィナス 1274 1225頃
ドゥンス・スコトゥス 1308 1265/6
オッカム 1347 1287頃
（リミニの）グレゴリウス 1358 ?
ペトラルカ 1374 1304
1454 1355頃 ゲミストス（プレトン）
1429 1363 ジャン・ジェルソン
1444 1370頃 ブルーニ
1464 1401 クザーヌス
1433 フィチーノ

トマス・アクィナス『神学大全』
ドゥンス・スコトゥス『オルディナチオ』
ペトラルカ『無知について』
ゲミストス（プレトン）『プラトンとアリストテレスの相違について』
フィチーノ『饗宴注解』『プラトン神学』

西暦	1500	1600	1700

出来事

- ビザンツ帝国滅亡（1453）
- 薔薇戦争（1455-58）
- グーテンベルク、活版印刷術を発明（1455頃）
- レコンキスタ（1492）
- コロンブス、西インド諸島に到達（1492）
- ルター、「九五か条の論題」を発表（1517）
- イエズス会結成（1534）
- 英国国教会成立（1559）
- 三〇年戦争（1618-48）

主な哲学者、思想家

哲学者	生年	没年
ポンポナッツィ	1462	1525
ピーコ	1463	1494
トマス・モア	1478	1535
エラスムス	1466頃	1536
ルター	1483	1546
ブルーノ	1548	1600
フランシス・ベイコン	1561	1626
デカルト	1596	1650
フィチーノ		1499

関連書籍

- ピーコ『人間の尊厳について』
- エラスムス『格言集』『痴愚神礼賛』『校訂ギリシア語新約聖書』
- ポンポナッツィ『霊魂不滅論』
- トマス・モア『ユートピア』
- ポンポナッツィ『魔術について』
- ブルーノ『傲れる野獣の追放』
- デカルト『方法序説』

おわりに

本書のコンセプトである「聞き書き哲学史」という構想は、二〇二二年にぼんやりと考えていた。なぜそんなアイデアを思いついたのか、いまとなってははっきり思い出せないのだけど、ずいぶん前に読んだ『哲学がかみつく』『哲学と対決する!』(柏書房)という二冊の本から少なからぬ刺激を受けたことは、ここに記しておきたい。

両書はどちらも「フィロソフィー・バイツ(philosophy bites)」という哲学者インタビューのポッドキャスト番組を書籍化したものだ。二〇〇七年から続いている長寿ポッドキャストで、世界的な人気を博している。二〇一七年の時点で総ダウンロード数は三四〇〇万というからすごい。

そこでは当代きっての哲学者たちがインタビュアーの素朴な質問に、一般リスナーに伝わる言葉で真摯に答えている。こういう仕事をいつか自分もできたらいいなぁと、本を読みながら漠然と思っていた。長らく無意識に沈んでいたそんな願望が、二〇二二年にひょっこり顔を出したのかもしれない。

二〇二二年は『試験に出る現代思想』（NHK出版新書）を刊行して、「試験に出る哲学」シリーズ三部作が完結した年でもある。

同シリーズも哲学史入門的な性格が強いとはいえ、すくい取れなかった内容も多い。たとえば本書で取り上げている中世哲学は、大学入試共通テスト（旧大学入試センター試験）にあまり出題されないため、アウグスティヌスとトマス・アクィナスしか登場していない。ルネサンス思想にいたっては素通りだ。もしチャンスがあれば、「試験に出る哲学」シリーズではできなかった哲学史にチャレンジしたい。後づけかもしれないが、そんな気持ちもあったと思う。

『試験に出る現代思想』の刊行打ち上げの折、雑談めいた調子で「聞き書き哲学史」というコンセプトを、編集者の大場旦さんと山北健司さんに話したところ、二人揃って興味を示していただき、あれよあれよという間に、具体的な企画として立ち上がっていった。

とはいえ、この本はインタビューの依頼を受けていただかなければ始まらない。ダメ元覚悟で憧れの哲学者たちにお願いしたところ、驚くべきことに、次々と快諾の返事をいただけた。そのたびに、きゃっきゃと小躍りしたことは言うまでもない。軽薄な言い方かもしれないが、古代ギリシアの納富信留さん、中世哲学の山内志朗さん、ルネサンス思想の伊藤博明さんと並べば、私にとって哲学史オールスター勢ぞろいである。しかも導入となるインタビューは、千葉雅也さんが引き受けてくれた。妄想がそのまま実現してしまったのだ！

人文系のライターとして、数多くのインタビューをしてきたけれど、なかでも今回のインタビューは格別の時間だった。もちろん浮かれてばかりはいられない。インタビューの後には、それを原稿化する仕事が待っている。

実のところ、どんな原稿にすればよいのか、インタビューをするまで明確なイメージは湧いていなかった。でも、インタビューを重ねながら、この本は「哲学史の醍醐味」を伝えようという思いが強まっていった。

入門書と言うと、どうしてもすでにオーソライズされた知識を、面白くかつわかりやすく伝えることに主眼が置かれてしまう。教科書は、面白いかどうかは別としてその典型だろう。だけど、この本に登場いただいた哲学者たちにとって、哲学史はいまなお格闘中の問題がごろごろと転がっている生ものだ。

だったら、過去の格闘も含めて、その「哲学史の現場」感覚が少しでも伝わるような原稿にしたい。そのことを念頭に置きながら、原稿をつくり上げていった。そうしてできあがったのが、本書『哲学史入門』第一巻である。

登場いただいた四方には、ファイル原稿やゲラの各段階で加筆いただき、一層充実した内容となった。インタビューから原稿確認まで、門前の小僧に力を貸してくださり、本当にありがとうございました。

＊

この『哲学史入門』は、二〇二四年四月から六月にかけて、三か月連続で一冊ずつ刊行する。第二巻は近世・近代の哲学、第三巻は二〇世紀の哲学・現代思想を取り上げる。第二巻は、上野修さん、戸田剛文さん、御子柴善之さん、大河内泰樹さん、山本貴光さんと吉川浩満さんの「哲学の劇場」コンビに、第三巻は、谷徹さん、飯田隆さん、清家竜介さん、宮﨑裕助さん、國分功一郎さんに登場いただく。ぜひ続刊も手にとってほしい。

本シリーズは、大場旦さん、山北健司さん、倉園哲さん、田中遼さんというＮＨＫ出版四人の編集者に担当いただいた。信頼の置ける編集者四人総掛かりでケアいただけた私は幸せ者だと思う。心から感謝したい。素敵なカバーイラストを描いてくださった市村譲さんにもお礼を申し上げたい。

ではまた、『哲学史入門』第二巻でお会いしましょう！

二〇二四年三月吉日

斎藤哲也

ＤＴＰ　角谷 剛
校閲　大河原晶子

斎藤哲也 さいとう・てつや
1971年生まれ。人文ライター。
東京大学文学部哲学科卒業。
人文思想系を中心に、
知の橋渡しとなる書籍の編集・構成を数多く手がける。
著書に『試験に出る哲学——「センター試験」で西洋思想に入門する』
『もっと試験に出る哲学——「入試問題」で東洋思想に入門する』
『試験に出る現代思想』(NHK出版新書)、
『読解 評論文キーワード 改訂版』(筑摩書房)など。
編集・監修に『哲学用語図鑑』『続・哲学用語図鑑
——中国・日本・英米(分析哲学)編』(田中正人著、プレジデント社)、
『現代思想入門』(仲正昌樹ほか著、PHP研究所)など。

NHK出版新書 718

哲学史入門 I
古代ギリシアからルネサンスまで

2024年4月10日　第1刷発行
2024年6月10日　第3刷発行

著者 千葉雅也 納富信留
山内志朗 伊藤博明 斎藤哲也［編］

発行者 江口貴之

発行所 NHK出版
〒150-0042 東京都渋谷区宇田川町10-3
電話 (0570) 009-321(問い合わせ) (0570) 000-321(注文)
https://www.nhk-book.co.jp (ホームページ)

ブックデザイン albireo

印刷 壮光舎印刷・近代美術

製本 二葉製本

Printed in Japan ISBN978-4-14-088718-9 C0210